Karl-Ernst Maedel · Bekenntnisse eines Eisenbahnnarren

K. E. Maedel

Bekenntnisse eines Eisenbahnnarren

trans
press

Einbandgestaltung: Anita Ament

Titelbild: Burkhard Wollny

Textillustrationen von Willy Widmann

Die erste Auflage erschien 1964 bei der
Franckh'schen Verlagshandlung, Stuttgart.

ISBN: 3-613-71051-X

© 1997 by transpress Verlag, Postfach 10 37 43, 70032 Stuttgart.
Ein Unternehmen der Paul Pietsch Verlage GmbH + Co.
2. Auflage 1998

Lektor: Claus-Jürgen Jacobson
Herstellung: Katharina Jüssen
Druck: Maisch & Queck, 70839 Gerlingen
Bindung: Karl Dieringer, 70828 Gerlingen
Printed in Germany

Inhalt

Zu diesem Buch

*O*bwohl die Zeit der Dampflokomotive fast auf der ganzen Welt längst zu Ende ist, haben die schwarzen Kolosse bis heute ihren festen Platz in den Herzen vieler Freunde der Eisenbahn behalten können. Allerdings sind seit dem Abstellen der letzten Dampflok in der »alten« Bundesrepublik mittlerweile über 20 Jahre vergangen, und so ist es kaum verwunderlich, daß so mancher junge Eisenbahnfreund die Dampflok nur noch von Bildern, aus dem Museum oder von den vereinzelten Museumsbahnen kennt. So manche Gattung, von der in diesem Buch erzählt wird, ist dieser Generation möglicherweise gänzlich fremd. Auch dürften Strecken wie die »Ostbahn«, die »Halle-Hettstedter Eisenbahn« oder die Strecke Gollnow - Naugard -Treptow vielen Lesern kaum noch ein Begriff sein.

Wer heute eine Fernreise mit der Bahn unternimmt, in Süddeutschland in einen der hochmodernen ICE-Züge steigt, um fünf Stunden später in Hamburg oder Bremen wieder auszusteigen, der vermag sich womöglich kaum noch vorzustellen, wie mühselig einst eine derartige Reise war. Zwar gab es auch vor fünfzig Jahren bereits beachtlichen Komfort in den Fernzügen, auch waren die Geschwindigkeiten längst nicht so niedrig, wie man es angesichts der damals noch vorherrschenden Dampftraktion vielleicht vermuten könnte – aber es gab damals noch keine Schnellfahrstrecken, die Loks mußten unterwegs mit Wasser und Kohle versehen oder aber gewechselt werden, Kurswagen wurden ausgetauscht – das Reisen war sicherlich aufregender, als es heute ist.

Als der Autor dieses Buch im Jahre 1964 erstmals veröffentlichte, gab es sie noch, die dampfgeschwängerte Atmosphäre in den Bahnhofshallen und über den Betriebswerken. Zwar hatte die Dampftraktion schon damals ihren Höhepunkt überschritten, doch war sie dennoch überall noch zu erleben, und die Erzählungen dieses Buches spiegelten vielfach die jüngste Vergangenheit oder gar die nach wie vor herrschende Situation wieder.

Mittlerweile sind weitere dreißig Jahre vergangen und nahezu alles in diesem Buch Erzählte ist längst Geschichte. So mag manches, was hier berichtet wird, zunächst unverständlich erscheinen, allein, der Blick, den der Autor zurück in die Geschichte wirft, ist der Blick des Jahres 1964. Autor und Verlag haben ganz bewußt darauf verzichtet, das Buch der heutigen Zeit anzupassen oder es zu »aktualisieren«. Zwar wurden an manchen Stellen offensichtliche Fehler der damaligen Ausgabe verbessert, an anderen Stellen wurden einzelne Passagen behutsam gekürzt, aber als ganzes ist das Buch unverändert geblieben. So ermöglicht es gleichsam einen zweifachen Blick zurück – zum einen in das Jahr 1964, als es erstmals erschien, zum andern in jene Zeit, die es in seinen Erzählungen so fesselnd beschreibt – die Dampflokzeit.

Stuttgart, im Dezember 1996

Wie lächerlich und weltfremd ist der, der sich über irgend etwas wundert, was im Leben vorkommt!

Marc Aurel,
Selbstbetrachtungen

Beschleunigter Personenzug

*M*eine ersten Eindrücke, an die ich mich in diesem Leben erinnern kann, sind solche des Fahrens. Dabei denke ich nicht so sehr an das bekannte Fahrzeug, in welchem jedes Mitglied der Gattung homo sapiens seinen ersten Kontakt mit der Umwelt bekommt. Besagtes Fahrzeug war übrigens zu der Zeit, da ich es benutzen mußte, von äußerst hochrädriger Konstruktion. Nein, ich meine ernsthaft Eindrücke des Fahrens in einem Eisenbahnzuge. Es ist nun zweifellos eine eigene Sache um jene ersten Kindheitseindrücke; sie entstehen mehr oder weniger zusammenhanglos als zufällige Lichtblicke eines noch schlummernden Geistes. Manche Bilder haben auch durch späteres häufiges Erzählen von Eltern oder Geschwistern erst Gestalt gewonnen. Vielleicht kann der Tiefenpsychologe noch überraschende Rückschlüsse auf das Seelenleben des Betreffenden ziehen, wenn er von jenen frühen Vorstellungen erfährt. In meinem Falle kommen zu den genannten Bildern des Fahrens sowieso noch einige höchst verdächtige Erinnerungen hinzu. Eine meiner frühesten Handlungen war, in dem meinen Großeltern gehörigen Landhaus, das häufig besucht wurde, die Katze am Schwanz zu ziehen, wohl in der zwar irrigen aber doch naheliegenden Auffassung, daß der

Schwanz vom lieben Gott zu diesem Zweck angebracht sei. Leider hat sich jenes vierbeinige Wesen wiederholt durch einige scharfe Kratzer an der solchermaßen frevelnden Hand gerächt, was wiederum mit einem Zetermordiogebrüll meinerseits quittiert wurde.

Um dem Tiefenpsychologen eine weitere Seite meines Innenlebens zu offenbaren, will ich ehrlich bekennen, daß ich ferner ein diebisches Vergnügen darin fand, die Gänse auf dem Gartenweg hin und her zu jagen und mich köstlich an dem enormen Tempo, welches das Federvieh bei solcher Gelegenheit an den Tag legte, ergötzen konnte. Zweifellos kommen hier bereits ausgeprägte Züge tatenfrohen Handelns zum Ausdruck, und die Erkenntnis liegt nicht fern, daß die Gänse später als Lokomotive eine veränderte Auflage erlebt haben, während ich mich in der Rolle als ihr »driver« wohl fühlte.

Neben diesen – nennen wir sie einfach – Randerscheinungen künftiger Geistesgröße gab es noch ein weiteres Ding, das meine höchste Entzückung erregte: Eine hölzerne Eisenbahn. Damals war eine elektrische Bahn ein unerreichbarer Wunschtraum für einen Buben aus kleinbürgerlichem Hause. Ich glaube, ein Jahrzehnt meines Lebens mußte vergehen, ehe ich überhaupt ein derartiges Traumgebilde zu Gesicht bekam – selbst habe ich nur eine bescheidene Aufzieh-Eisenbahn besessen. Um so intensiver vergnügte ich mich am hölzernen Abbild, eine höchst primitive Ausführung, bei welcher, wie ich mich noch ganz gut erinnere, rote, grüne und blaue Farben mangelnde Modelltreue ersetzen mußten. Mit dieser Eisenbahn – Lokomotive, Tender und einem Wagen – konnte ich mich stundenlang vergnügen. Ich zog sie an

einem Faden hinter mir her, nun aber bei weitem nicht ziel- und planlos. Nein, dessen erinnere ich mich genau, es mußte eine Spur, eine Fahrstraße für diese Eisenbahn vorhanden sein. Ein hinter dem Garten der Großeltern vorbeiführender ausgefahrener Feldweg bot Spurrinnen jede Menge samt imaginären Weichen, Kreuzungen, Abzweigen und all dergleichen verkehrstechnischen Besonderheiten mehr.

Heute wundere ich mich, wie es möglich war, daß ein Dreikäsehoch bereits die Begriffe Wagenzug und Spur miteinander in Verbindung brachte.

Ursache mag das eingangs erwähnte Erlebnis des Fahrens gewesen sein. Vielleicht ist das überhaupt einer der Gründe, warum statt eines vernünftigen Menschen ein Narr aus mir geworden

ist, der von einer unheilbaren Krankheit befallen ist, der Eisenbahnnarretei.

Zweifellos hat auch die eigenartige Blutmischung zufolge meiner
Abstammung gewisse skurrile Anschauungen gefördert. Von
Vaters Seite her aus einer etwas schwerblütigen, bedächtigen
Familie aus der Grafschaft Mansfeld stammend, ist der mütterli-
che Einschlag – eine lebhafte und bewegliche Rheinländerin aus
dem linksrheinischen Hessen – nicht ohne Einfluß geblieben.
Wahrscheinlich hat aber nicht die Abstammung selbst den Krank-
heitskeim in mich gelegt, vielmehr die damit verbundene Reise-
gelegenheit. Denn meine Eltern – vorher in Straßburg im Elsaß
ansässig – waren kurz vor meiner Geburt nach Mitteldeutschland
verzogen. Es liegt auf der Hand, daß ich kaum auf der Welt – alsbald den rheinischen Großeltern, Onkeln und Tanten vorgestellt werden mußte, Beginn dessen, was ich als erste Eindrücke
des Fahrens in Erinnerung habe.

Nun sollen diese Blätter keine Memoiren darstellen – nichts liegt
mir ferner als dies – und der Leser wird vergeblich einen »Lebens-
lauf« erwarten. Die wenigen eingestreuten biographischen Noti-
zen sollen nicht die weltgeschichtliche Bedeutsamkeit des Autors
unterstreichen, vielmehr das Zustandekommen dieses oder jenes
Erlebnisses erläutern, das – selbst wieder aus einer Fülle anderer
Begebenheiten herausgegriffen – allein den Sinn hat, die Zeit der
zwanziger und dreißiger Jahre so, wie sie vielen anderen Eisenbahnfreunden ebenfalls erschienen ist, lebendig werden zu lassen. Und da dieses Vierteljahrhundert noch ganz unter dem
Zeichen der Dampflokomotive stand, sollen diese kleinen Minia-
turen nicht nur jene großen Tage widerspiegeln, nein, sie möch-

ten auch eine bescheidene Huldigung für jene gewaltige Maschine darstellen, soweit man den Gedanken eines Narren überhaupt solch große Worte zumessen kann.

So sehe ich mich denn, wohlbehütet in eine Decke eingehüllt, auf der hölzernen Bank eines Abteilwagens liegen, denn wir fuhren jene lange Strecke von Mitteldeutschland bis zum Rhein des Nachts. Die ersten Eindrücke fallen auch in jene turbulente Kriegs- und Nachkriegszeit des zweiten Jahrzehntes dieses außergewöhnlichen Jahrhunderts, die ich in mich aufnahm, ohne sie indes schon in aller Tragweite zu erfassen.

Ein Vorgang ist jedoch als ruhender Pol in der Erscheinungen Flucht fest in mir haften geblieben. Ich mag damals bereits ein Alter erreicht haben, wo das Bewußtsein beginnt, die Eindrücke selbständig zu verarbeiten.

Meine Eltern waren mit irdischen Gütern nicht allzu reich gesegnet. Vater war Beamter – eine zwar ehren- und pflichtenreiche, dafür aber wenig lukrative Tätigkeit. Es mußte gespart werden. Das Reisegeld riß ein tiefes Loch in den Haushaltsetat, deshalb wurde nach der billigsten Reisemöglichkeit gesucht. Sie bestand aus einer Einrichtung, die wir heute nicht mehr kennen: Dem beschleunigten Personenzug. Diese Zuggattung gab es noch bis zum zweiten Weltkrieg auf den wichtigen Hauptstrecken. Sie fuhren etwa im Plan der Eilzüge, mit denen sie die Zahl der Halte gemeinsam hatten, jedoch keinen Zuschlag erforderten und nur aus gewöhnlichen vierachsigen Abteilwagen bestanden. Damals wurde noch mit dem Pfennig gespart.

Meine Heimatstadt ist Halle an der Saale, eine Stadt, auf die ich wegen ihrer Besonderheiten und wegen des tiefen Einflusses, den sie auf mich ausgeübt hat, noch näher zu sprechen kommen werde. Der beschleunigte Personenzug, der sich als der Reisekasse meiner Eltern gemäß erwiesen hatte, ging des Nachts gegen ein Uhr von Berlin kommend in Halle ab, um frühmorgens gegen neun Uhr Frankfurt am Main zu erreichen, von wo aus es weiter nach Mainz ging. Wenn ich mich recht erinnere, ist es der P 870 gewesen.

Die Vorbereitungen zu dieser Reise waren jedesmal von einer einfach tollen und atemberaubenden Spannung. Seit Tagen wurde von nichts anderem gesprochen. Das Kofferpacken kam einer weihevollen Handlung gleich. Man macht sich heute überhaupt keine Vorstellung mehr davon, wie tief das Ereignis einer solchen Reise in die Lebensgewohnheiten eingriff. Die Aufregung – das Reisefieber – begann schon Tage vorher und stieg in dem Maße an, wie die Abfahrtszeit näher rückte. Gute Ratschläge wurden von Verwandten und Bekannten feilgeboten. Man solle nicht hinter der Lokomotive einsteigen, weil dort bei Unfällen die Gefahr am größten sei. Aber auch im letzten Wagen sei es niemals geheuer, falls ein anderer Zug von hinten aufführe. Den Unkenrufen älterer Damen nach zu urteilen, mußte es in einem Zuge nur so von Räubern und Heiratsschwindlern wimmeln, vor denen sich eine alleinreisende Dame in höchstem Maße vorzusehen habe. Gerade bei der Erinnerung an die damalige Zeit wird deutlich, wie sehr doch die Techik dem Menschen von heute vertraut geworden ist, wie sehr aber auch – und das erscheint mir besonders bemerkenswert – der Nimbus der Eisenbahn verblaßt ist.

Am festgesetzten Reisetag wurde ich bereits um fünf Uhr nachmittags ins Bett gepackt mit der dringenden Ermahnung, unbedingt zu schlafen, weil wir sonst nicht verreisen könnten. Ach, wie gut haben doch die Erwachsenen reden. Als wenn man bei der Erwartung von so viel Herrlichkeiten schlafen könnte! Merkwürdigerweise habe ich aber doch jedesmal geschlafen, eine Tatsache, die ich immer erst gewahr wurde, wenn man mich gegen Mitternacht weckte. Schlaftrunken wurde ich angezogen, mußte unbedingt noch einige Bissen hinunterwürgen, dann ging es zum Bahnhof. Ich kenne es nicht anders, als daß man wenigstens eine halbe Stunde vor der Abfahrtszeit den Bahnhof betrat, Reisende, die in der berühmten »letzten Minute« auf den Bahnsteig gesaust kamen, wurden als etwas Außergewöhnliches bewundert. Meine Mutter oder mein Vater hatten meist am Vortage die Fahrkarten besorgt, so daß wir ohne Aufenthalt unmittelbar die Sperre passieren konnten, nicht ohne Herzklopfen und vor banger, schaurig-schöner Erwartung bibbernd.

Merkwürdig, ein Bahnsteig ist für mich immer so eine Art Heiligtum gewesen. Das mag wohl daran liegen, daß die Eisenbahnnarretei mit einer Sonderform des religiösen Wahnes verglichen werden kann. Unter diesem Aspekt liegt nahe, den Bahnsteig mit einem Tempel zu identifizieren, das um so mehr, als das ganze Drum und Dran dazu angetan ist, auf ein einfältiges Gemüt eine absonderliche Wirkung auszuüben.

Wen wird es wundern, wenn ich nun zähneklappernd mit staunenden Augen an der Hand der Mutter diese unheimliche, des Nachts besonders phantastische Welt betrachtete? Die nächtliche Kühle tat meist noch ein übriges, die Atmosphäre schauerlich zu untermalen.

Während der Augenblicke, als der Zug einlief, muß vor Erschüt-

terung das Gehirn ausgesetzt haben, ich fand mich regelmäßig erst im Zuge sitzend wieder. Die Mächtigkeit der Eindrücke und ihre Wirkung auf die Seele eines empfindsamen Knaben mögen das alles erklären. Das Leben auf dem Bahnsteig war in jenen frühen Jahren auch noch viel mehr ernst zu nehmen. Wie schon erwähnt, galt eine Reise als bedeutungsvolles Vorhaben. Der normale Bürger hatte selten Anlaß zu verreisen. Man war von Hause aus seßhaft. Die Bahnbeamten - denken wir daran, daß es sich in meinem Falle um die Preußische Staatsbahn handelte - waren sich der Wichtigkeit ihrer Funktion bewußt. Das waren

alles schnauz- und zwickelbärtige, furchtgebietende martialische Gestalten. Es herrschte Ordnung und ein strenges Regiment bei den Preußen, die menschliche Gesellschaft war auf einen einfachen Nenner gebracht worden, es gab nur befehlende und gehorchende Mitglieder, Obrigkeit und Untertanen. Der Untertan wurde von der Obrigkeit belehrt, bei längerer »Leitung« angeschnauzt. Heute, allerdings, erst heute nach so langer Zeit, bricht sich in uns die Erkenntnis durch, daß dieser »Preußengeist«, diese preußische Ordnung und dieses Pflichtbewußtsein Eigenschaften waren, die man zu Unrecht verurteilt hat. Über der Verdammung des Militarismus hat man das Kind mit dem Bade ausgeschüttet. Nur ein klein bißchen von jener alten im besten Sinne »preußischen Ordnung« stünde uns allen außerordentlich gut an. Wie war das Treiben auf dem Bahnsteig voll dramatischer Spannung! Da standen die Reisenden ernst und gefaßt mit ihren Koffern und Taschen in Gruppen herum. Dienstmänner und Gepäckträger wuchteten schwere Reisebehältnisse hin und her. Dazwischen die diensteifrigen und wichtigen Verrichtungen der Bahnbeamten. Ein weißbemützter und -bekittelter dienstbarer Geist schob einen kleinen Wagen den Bahnsteig entlang und bot heiße Würstchen, Erfrischungen, Drops, Bonbons an, damals nicht nur bei Schnellzügen, sondern auch bei Personenzügen. Ihm assistierte ein Zeitschriftenverkäufer, der Reiselektüre anbot. Die Reisenden benahmen sich teilweise sehr unsicher, der richtige Bahnsteig, die Abfahrtszeit, die Zugrichtung, das in Frage kommende »Coupé« wurden bei den Bahnbeamten erfragt. Ein Kursbuch galt als Luxus, sein Studium als Geheimwissenschaft.

Die Spannung näherte sich dem Höhepunkt, wenn der Ausrufer an die Bahnsteigkante trat und eine große Messingglocke schwang: »Zurrrrickträten bitttäääähhhhhh, es fährt ein der beschleunigte Personenzug nach Frankfurt über Merseburg, Weißenfels, Naumburg, Apolda, Weimar, Erfurt, Gotha, Eisenach, Bebra. Bitttäääähhh zurrrickträten. Vorrrrsicht am Bahnsteig!«

Dann hallte erneut das Gebimmel der Glocke gellend über die versammelten Reisenden, unter denen nun ein geschäftiges Treiben, Aufnahme von Gepäck, Rennen, Rufen, Gestikulieren, Abschiednehmen begann. Meine Blicke hingen allein am Gleis, die Ermahnungen, ja still stehen zu bleiben, hörte ich gar nicht, die

Idee, mich von der Stelle zu bewegen, wäre mir überhaupt nicht gekommen. Bald schoben sich langsam zwei Lichter in die Bahnhofshalle hinein, ein schwarzes, dampfendes, zischendes Ding kam näher und näher, gewaltige Räder glitten an mir vorüber, kreisende Stangen, dumpfes Poltern, die Wagenreihe schob sich an den Bahnsteig, Türen klappten auf, Leute stiegen aus, dann wurde ich zu einer dieser Türen hineingehoben und fand mich – wie gesagt, ich weiß heute noch nicht wie – auf meinem Platze sitzend wieder, umgeben von wildfremden Menschen, die sich hin- und herbewegten, Gepäck verstauten und durcheinanderriefen.

Selbst das Einsteigen ging nicht ohne Tücken vonstatten, die Bahnsteige lagen damals alle sehr tief, wie es heute noch in Süddeutschland vielfach der Fall ist, der Aufstieg aufs Trittbrett verursachte den Damen wegen ihrer Kleidung nicht geringe Beschwer. Erst Anfang der dreißiger Jahre wurden bei den preußischen Direktionen die Bahnsteige der großen Bahnhöfe »aufgestockt« und erhielten ihre jetzige Höhe.

Wie ist man heute doch so klug und weise. Man lächelt über die Erlebnisse eines kleinen Knaben. Die riesige Lokomotive war eine simple preußische P 8 – Personenzuglokomotive (2 C, Baureihe 38^{10}) gewesen, die Garnitur des Zuges bestand aus vierachsigen preußischen Abteilwagen. Vielleicht gibt es noch als Besonderheit zu erwähnen, daß es damals vier Reiseklassen gab.

Damals befand sich unter den Richtungsweisern auf dem Bahnsteig noch ein Schild mit dem Hinweis auf die Klassenverteilung,

zum Beispiel: 1. Klasse Mitte
               2. Klasse vorn
               3. Klasse vorn und hinten

Führte der Personenzug die vierte Wagenklasse, so flankierten diese Wagen vorn und hinten die anderen Klassen. Der 1. Klasse-Wagen für die »Herrschaften« stand immer in der Mitte des Zuges. jedenfalls galt es beim Kampf um den Sitzplatz noch die entsprechende Wagenklasse zu berücksichtigen. Damen ließen sich ihr »Coupé« vom Schaffner »anweisen«.

Der schönste Augenblick kam heran, wenn der Zug sich in Bewegung setzte. Minutenlang vorher rief der Schaffner bereits sein »Einsteigen!« Türen schlugen zu, von vorn und hinten schrie es »Fertig!«

Dann gellte der Abfahrtspfiff. Langsam, ganz langsam fuhr der Zug an, der auf dem Bahnsteig zurückbleibende Vater lief noch einige Schritte nebenher, dann verschwand er, die Lichter des Bahnhofs glitten vorüber, nahmen an Zahl mehr und mehr ab, bis völlige Dunkelheit herrschte und nur das Abteil mit seinem ungewissen Gaslicht, seinen Erschütterungen, seinen Schienenstößen die für viele Stunden neue Welt blieb. Meist wurden dann die blauen Stoffjalousien über die Gaslampe gezogen, so daß ein ungewisses und gespenstisches Licht die Situation noch mehr betonte. Für die akustische Untermalung sorgte das Aufheulen der Räder auf den damals reichlich mit Riffeln versehenen Schienen. Ob jene Fahrten den Keim der unheilbaren Krankheit in mich gelegt haben?

Es existieren noch Zettel, wo eine zittrige, des Schreibens eben kundig gewordene Hand die Stationen alle der Reihe nach aufgeschrieben hat, an denen der Zug vorüberfuhr. Es galt ja, so viele Eindrücke auf diesen ersten Fahrten im beschleunigten Personenzug zu sammeln. Allein die Tatsache, daß der Zug nicht auf allen Bahnhöfen hielt, war wunderbar. Wie kam sich der Bub so überlegen vor, in einem solchen Zuge, der so kleine Orte wie Niedertrebra, Vieselbach oder Mecklar glatt übersah, zu fahren! In der Nähe von Gotha begann es des Sommers über gewöhnlich zu dämmern, so daß die Ausläufer des Thüringer Waldes, insbesondere Eisenach mit seiner Wartburg, schon bei Tageslicht betrachtet werden konnten. Es sah doch vieles noch anders aus zu Beginn der zwanziger Jahre. So haben, als mir die Streckenverhältnisse vertrauter geworden waren, die Bahnanlagen von Neudietendorf, Gerstungen und Flieden immer großen Eindruck auf mich gemacht, weil hier unvermittelt und zunächst für den Unwissenden unmotiviert, Gleisanlagen sich dehnten, Züge und Lokomotiven umherstanden, die wie kräftige, wohlklingende Akkorde in der eben gespielten Sinfonie des Eisenbahnbetriebes wirkten.

Aber das erschütterndste Erlebnis habe ich noch gar nicht erzählt. Es geschah auf einer der allerersten Fahrten, an die ich mich erinnern kann, und es muß bereits Tag gewesen sein. Plötzlich erschien draußen vor dem Fenster der Abteiltür – der Zug befand sich in voller Fahrt – ein Kopf. Von außen – man male sich meinen entsetzten Blick aus – ging die Tür auf, und der Schaffner schob sich ins Abteil hinein, die Tür hinter sich wieder heranziehend.

Ich saß starr und sprachlos auf meinem Platz. Wie ging das zu? Wo kam der Mann her? War er während der Fahrt aufgesprungen? Bei dieser Geschwindigkeit, die ich in Anbetracht der kindlichen Proportionen für schwindelerregend hielt?

Erst später wurde mir die Erklärung zuteil, daß wir uns im ersten Abteil unseres Wagens befänden, es von Wagen zu Wagen aber im

Personenzug keinen Durchgang gäbe, der Schaffner vielmehr, wolle er seiner Kontrollpflicht genügen, außen auf dem Trittbrett entlangturnen müsse. Die Abteilwagen besaßen zu diesem Zwecke über die ganze Länge durchlaufende Trittbretter, die Lücke zwischen den Brettern zweier Wagen mußte mit kühnem Schwunge übersprungen werden.

Dieses Begehen des Zuges von außen wurde später verboten, weil sich dabei viele Unfälle ereigneten, insbesondere während der waghalsigen Passage von einem Wagen zum andern.

Nun, ich glaube, selbst heute würde sich noch mancher erwachsene Reisende entsetzen, wenn plötzlich draußen vor dem Abteilfenster ein Kopf auftauchte, die Tür geöffnet würde und ein Mensch ins Abteil stiege. So etwas gehört schon lange zu den Requisiten des Kriminalfilms und der Wild-West-Story.

So reiht sich denn Erinnerung an Erinnerung in bunter mehr oder weniger einprägsamer Folge. Ein Schreckensbild steht immer noch vor meinen Augen, wenn meine Mutter nämlich auf den unglückseligen Gedanken kam, im Frauenabteil zu reisen. Jawohl, damals gab es noch besondere Abteile für alleinreisende Damen, in die auch die dazugehörenden Kleinkinder mitgenommen werden konnten. Dort saß man dann eingekeilt zwischen mehr oder weniger antiquierten Jungfern oder würdigen Matronen, die mit Argusaugen beobachteten, ob man denn auch gut erzogen sei, bei jeder Gelegenheit einen schönen »Diener« mache und dergleichen »Unfug« mehr. Man bekam alberne Fragen gestellt, natürlich regelmäßig dann, wenn es draußen etwas Hochinteressantes zu sehen gab. Das brave Bübchen erhielt Gebäck und Schokolade von allen Seiten angeboten und war doch bereits so abgrundtief verdorben, daß es sämtliche Insassen des Abteils in den tiefsten Schlund der Hölle verwünschte.

Aus dem Bübchen war ein Bengel geworden, als eine neue Lokomotive auf jenen nächtlichen Fahrten auftauchte, eine Lokomotive von solcher Imposanz, daß ich mich an ihr nicht satt sehen konnte. Ich fand sie um so bemerkenswerter, als bei jedem Halt ein eigentümliches unbekanntes Zischgeräusch das Anfahren einleitete. Heute weiß ich natürlich, daß es die erste P 10, 1D1-Personenzuglokomotive, Baureihe 39, gewesen ist. Aber damals? So steht über dem Beginn der bewußten Bekanntschaft mit der Eisenbahn die Überschrift »Beschleunigter Personenzug«. Ganz behutsam und sachte schlang damals der Eisenbahnmoloch seine Fangarme um mich, zog mich in seinen Bann und tröpfelte mir, für meine Angehörigen unsichtbar, das Gift der Narretei ins Herz, bis eines Tages der Augenblick kam, wo es kein Loslösen mehr gab. So ist es bis zum heutigen Tage geblieben.

Unsere modernen Züge bieten keinen rechten Vergleich mehr mit dem alten »Beschleunigten« von anno dazumal, weder in puncto Fahreigenschaften noch in puncto Fahrkomfort. Hach, wie herrlich donnerte und rauschte, dröhnte und bullerte es aus der Tiefe, wie unheimlich und schaurig heulten die Schienenrigeln auf, die Geschwindigkeit des Zuges so hörbar, so greifbar demonstrierend. Wie schlecht schlossen die Fenster im Abteilwagen. Ruß und Kohlenstaub drangen durch die Ritzen, sehr zum Leidwesen der Damenwelt, die fortwährend im Kriege mit ihm lag.

Aber erst dieser herrliche Duft, dieser unnachahmliche, so köstliche Geruch nach Eisenbahn, den man heute nur noch selten in die Nase bekommt. Wie war er doch betörend.

Es rumpelt und geistert noch heute manchmal durch meine Träume. Unvermittelt erscheint ein Bild, jahrzehntelang in den Gehirnwindungen aufgespeichert und nun plötzlich befreit. Dann stehe ich wieder auf dem Bahnsteig, ein frierendes, bibberndes kleines Häufchen Mensch, das, die Wunder dieser Welt mit staunenden Augen in sich aufnehmend, sich anschickt, das große Abenteuer des Lebens zu bestehen.

Die Geschichte vom Valtinche

*B*öse Zungen behaupten, ich habe es nur dem alten Valtinche zu verdanken, wenn ich von der Eisenbahnkrankheit befallen sei. Jedes Kind wisse, daß bei dem eine Schraube locker gewesen wäre – die besagten Besitzer der bösen Zungen wiesen bei dieser Feststellung jedesmal mit einer vielsagenden Gebärde nach der Stirn, oder sie murmelten etwas von einigen Tassen in einem gewissen Schranke, denen es an Vollständigkeit mangele. Wer nun mit solch einem »Depp« verkehre, bei dem müsse, getreu dem Sprichwort, daß man das ist womit man umgehe, irgend etwas hängenbleiben, was mit der landläufigen Vorstellung von einem Normalmenschen – erstrebenswertes Ziel jeder Erziehung – nicht übereinstimme. »Geh fort«, hieß es im Dorfe meiner rheinischen Großeltern, »was suchst du bei so 'nem alten Narren? Willst vielleicht selbst einer werden?«

Während ich diese Worte niederschreibe, steigen allerdings Bedenken in mir auf. Wie, wenn der geneigte Leser jetzt dem Valtinche die Schuld aufbürdet, daß aus mir nichts Gescheites geworden ist? Daß ich tatsächlich von ihm meine Narretei übernommen hätte? Vielleicht hält man mich ebenfalls für »depp«? Das Gegenteil von letzterer Eigenschaft vermag ich nicht zu beweisen, für das Valtinche aber möchte ich eine Lanze brechen und es dem Urteil der Nachwelt überlassen, inwieweit er mit anderen Zeitgenossen im Hinblick auf die Beschaffenheit seines »Hirnkastels« konkurrieren konnte.

Anfang der zwanziger Jahre konnte man ihn häufig neben der Bahnschranke an der – wie sie der Volksmund nennt – Landchaussee gleich neben dem Bahnhof Guntersblum sitzen sehen. Er war ein alter Haudegen des Schienenstranges und schon eine Weile pensioniert, das Valtinche. An die fünfzig Maschinistenjahre hatte er bei der Hessischen Ludwigsbahn und der ihr nachfolgenden Preußischen Staatsbahn abgedient. Es wurde allerdings behauptet, er habe es nicht zu sonderlichen Ehren gebracht von wegen des oben erwähnten lockeren Sitzes besagter Schraube; er sei sein Lebtag nur immer Heizer gewesen und habe die Lokomotive höchstens einmal ins Heizhaus fahren dürfen. Für mich Buben kam jedoch der alte Mann gleich nach dem Eisenbahnpräsidenten. Denn wer wußte so spannend und packend zu erzählen, wer hatte so viel in einem langen Leben erfahren wie das alte Valtinche?

So hockten denn an den schönen Sommernachmittagen ihrer zwei auf dem Feldstein an der Guntersblumer Bahnschranke und fachsimpelten miteinander um die Wette. Einer wußte es immer besser als der andere, denn ich war ja damals auch schon ein mächtiger Fachmann und Eisenbahner. Wir nörgelten an den vorüberfahrenden Maschinen herum und kritisierten bis ins kleinste die Fahrkünste der darauf tätigen Lokomotivführer, zumal es vorwiegend Mainzer Maschinen waren, die auf der Rheinbahn verkehrten, deren Personal das Valtinche meist noch kannte.

»Gelt Bub, wann d' groß bist, gehst auch amol zur Eisenbahn? Des machst schon deim alte Valtinche z'lieb, net wahr?«

»Aber gewiß, Herr Belzer, nichts möchte ich lieber als das, ich werde bestimmt Lokomotivführer!«

»Ja, des machst recht, Bub, des is wenigstens a richtiges G'werb. Schau her, han ich dir schon erzählt, wie ich die große Goliath-Maschin' gefahren hab'? Wie wir mit'm Schnellzug von Bingen herüber bis Ludwigshafen a ganze Viertelstund' Verspätung aufgeholt ham? Da hättst mich sehen sollen, wie ich aus'm Führerhaus gschaut hab'!« Ach liebes Valtinche, du hast mir ja schon hundertmal erzählt, welch ein tüchtiger Kerl du gewesen bist. Ich weiß es auswendig und höre die Geschichten doch immer wieder gern. Ich will ein paar Kostproben von Valentin Belzers Abenteuern wiedergeben, allerdings mit den nötigen Abstrichen, so, wie sie sich wirklich in seinem Leben zugetragen haben.

Goliath-Maschinen hießen beim Personal die tüchtigen 1 B 1-Schnellzuglokomotiven der Ludwigsbahn, die Krauss im Jahre 1893 geliefert hatte. Tatsächlich ist das Valtinche auf solch einer Maschine gefahren – als Heizer natürlich. Aber das war seine große Zeit gewesen, von der er immer wieder schwärmte.

»Bub, was denkst, was ich für an Kerl war? Weißt, was der Lokomotivinspektor einmal zu mir gesagt hat? Na? – Belzer, hat er gesagt, noch zwei von Ihrer Sorte, und ich kann mich pensionieren lassen! Gelt, da schaust?«

Selbstgefällig strich sich das alte dürre Männlein seinen Kaiser-Wilhelm-Gedächtnisbart, und ich stand in Ehrfurcht vor ihm innerlich und wohl auch äußerlich stramm.

Das Valtinche muß seine Laufbahn so um 1870 herum begonnen

haben, zur Zeit, als der Obermaschinenmeister Thomas sein strenges Regiment führte und aus dem Maschinenwesen der Ludwigsbahn einen Musterbetrieb machte. Das war übrigens ein gesun-
des Unternehmen, die Hessische Ludwigsbahn, und der preußische Staat hat schon gewußt, warum er 1896 den Ankauf betrieb.
Damals wurde die Ludwigsbahn gemeinsam von Preußen und

Hessen angekauft und die Kgl. Preußische und Großherzogl. Hessische Eisenbahndirektion Mainz eingerichtet. Die in diese eingegliederten Maschinen der Ludwigsbahn und die hinzugekommenen preußischen Typen trugen doppelte Hoheitszeichen am Führerhaus, den preußischen Adler und den hessischen Löwen.

Doch darüber will ich gar nicht berichten, vielmehr von Valtinches Heldentaten. Er wußte sehr viel über das Eisenbahnwesen, und ich habe ihm manche Erkenntnis zu verdanken. Er kannte noch gut die alten Crampton-Maschinen der Ludwigsbahn, war selbst auf diesen gefahren und lobte sie sehr wegen ihres leichten Ganges. Seine Lieblinge aber waren die Goliathe, über die er sich nicht genugtun konnte. Ich will versuchen, seine Laufbahn zu rekonstruieren, so gut das nach über vierzig Jahren, die seit jenen Stunden am Prellstein an der Guntersblumer Schranke schon zurückliegen, noch möglich ist.

Er war als Heizer bei der Ludwigsbahn eingetreten, zuerst in der Betriebswerkstätte Worms; später kam er nach Mainz, wo er dem Obermaschinenmeister Thomas einmal angenehm aufgefallen war, weil keiner so gut wie er seine Maschine zu putzen verstand. Und Thomas hielt auf blinkenden Glanz. Bei ihm mußten die Lokomotiven wie aus dem Ei gepellt aus dem Heizhaus rollen. Das aber war Valtinches Stärke. Ob dieser unerwarteten Gunst des Gestrengen wurde unser Freund schließlich zur Lokführerprüfung zugelassen, wohl aus der Erkenntnis heraus, daß man auch für die Gustavsburger Hafenbahn Maschinisten benötige und hierfür das Valtinche eben noch zu gebrauchen sei. Denn der Lokomotivinspektor zu Mainz hatte durchaus erkannt, daß unser

Valtinche bei der Verteilung der Geistesgaben nur recht leise »Hier« gerufen hatte.

Vielleicht wäre er aber damals doch noch ein guter Lokomotivführer geworden, wenn ihm nicht jenes dumme Mißgeschick widerfahren wäre, das seinen guten Ruf arg beeinträchtigt hat und ihn zum Gespött der ganzen Betriebswerkstatt werden ließ.

Valentin war noch nicht lange Lokomotivführer, als er zum Dienst auf der Mainzer Hilfsmaschine eingeteilt wurde. Der Mainzer Hauptbahnhof hielt damals nämlich immer eine – heute würden wir sagen – Schiebelokomotive unter Dampf wegen der Rheinbrücken. Es kam öfter vor, daß Züge auf den Brückenrampen liegen blieben und von der Schiebelokomotive hinaufgedrückt werden mußten.

So war es auch einmal geschehen, als das Valtinche auf seiner Hilfsmaschine Dienst tat. Der Südbahnhof forderte sie an, weil der Schnellzug nach Darmstadt die Steigung nicht schaffte. Der war besonders lang, denn die Salonwagen des Großherzogs von Hessen standen mit im Zuge. Das Valtinche gab also seinem Rangierbock Dampf, bullerte durch den Festungstunnel hindurch und wurde am Südbahnhof richtig auf das Frankfurter Gleis geleitet, das der Darmstädter Zug bis Bischofsheim mitbenutzt. Wer nun schuld hatte, ist nie richtig erwiesen worden. Ob's Valtinche zu schnell gefahren ist oder der Heizer die Tenderbremse nicht richtig bedient hat, wer weiß. Jedenfalls bumste er mit einem hörbaren Krach hinten auf den Schnellzug drauf, daß Seine Hoheit, der Großherzog, der sich gerade über den schwierigen Regierungsgeschäften die Beine ein wenig vertrat, der Länge nach im Salonwagen hinschlug und sofort Hilfe, Verrat und Überfall schrie. Obwohl nichts passiert war, alle Wagen nur einen tüchtigen Stoß bekommen hatten und das Valtinche hernarch brav den Zug den Berg hinaufdrückte, gab es doch ein Nachspiel. Hoheit schworen darauf, es habe sich bei dem Maschinisten der Lokomotive um einen jener verruchten Sozialisten gehandelt, und die ganze Affäre sei glattweg ein Attentat auf seine erlauchte Person gewesen.

So wurde also das Valtinche in den Heizerstand strafversetzt und durfte nicht länger den Regulator bedienen.

Nun, über die Geschichte wuchs allmählich Gras. Vielleicht wäre auch alles noch gut geworden, wenn sich nicht abermals ein Ereignis zugetragen hätte, das seinen guten Ruf völlig ruinierte.

Das war anfangs der neunziger Jahre, als die Luftdruckbremse noch eine neue Erfindung war und noch längst nicht alle Maschinen diese moderne Einrichtung aufwiesen. Unser Freund hatte sich mit seinem Los abgefunden, war munter und guter Dinge und heizte eine dicke Güterzugmaschine, auf der er von Bingerbrück nach Worms zuckelte. Um die Weihnachtszeit herum – das Jahr ist mir wieder entfallen, es muß 1892 oder 1893 gewesen sein – gab es infolge einer epidemieartigen Krankheitswelle zahlreiche Ausfälle unter den Personalen, die sich um so fühlbarer bemerkbar machten, als der Weihnachtsverkehr erhöhte Anforderungen stellte. Der Lokomotivinspektor suchte also alle Reserven zusammen und besann sich, daß auch das Valtinche geprüfter Lokomotivführer sei. Nun, einmal würde man ihm wohl einen Personenzug anvertrauen können, alt genug war er inzwischen geworden. An Streckenkenntnis mangelte es nicht, er fuhr schon sein Lebtag lang auf der Rheinbahn. Und im übrigen, damit tröstete sich der

Inspektor, ging es sowieso nicht anders, weil ohne den Valentin Belzer der Zug überhaupt ausfallen mußte.

»Bub, da hättst mich sehen sollen, wie ich die letzte Rettung von dere Bahn gewese bin. Förmlich auf Knien hat mich der Inspektor gebeten, ich solle doch den Expreßzug' fahren. No, weil er so'n netter Mann gewese ist, hab' ich ihm den Gefallen getan. Du, die Leut hawwe awwer geguckt, wie ich mit meiner Maschin', 's war die »Hans Sachs« (1 B-Zweizylinder Schnellzuglokomotive, gebaut 1872 von Borsig), vor den Zug gekommen bin. Das hättst sehen müssen!«

»Aber Herr Belzer, Sie haben doch ständig den Expreßzug gefahren, da ist das doch gar nichts Neues gewesen?«

»Geh, was redest daher, Bub, davon verstehst nix. Mußt net so dumm babbele.«

Jetzt hatte der Lokomotivinspektor aber die Rechnung ohne das Valtinche, halt, will sagen ohne die Luftdruckbremse gemacht. Der Inspektor hatte ganz übersehen, daß unser Freund keine Übung mit der neuen Bremse besaß, weil die Güterzugmaschinen noch nicht damit ausgerüstet waren. 's Valtinche hat in seiner Wichtigtuerei natürlich auch 's Maul gehalten. Mit den Bremsen war das damals sowieso eine eigene Geschichte. Während Preußen anfangs die Carpenter-Bremse verwandte, hatte sich bei den süddeutschen Bahnen die einfach wirkende Westinghouse-Bremse eingeführt. Deren Betriebstüchtigkeit ließ jedoch noch manche Wünsche offen. So kam, was da kommen mußte.

Pünktlich schnaufte 's Züglein, vom stolzen Lokomotivführer Belzer geführt, aus dem Mainzer Bahnhof heraus, qualmte durch den Tunnel, um im dahinterliegenden Südbahnhof planmäßig zu halten. Nun mochte das hier noch angehen, weil unser Freund wegen des zu befahrenden Abzweiggleises die Geschwindigkeit vorschriftsmäßig vermindert hatte. Es gab nur einen kleinen Ruck, als er den Hebel zum Bremsventil umlegte und der Zug mit kräftigem Zischen stand. Die Fahrgäste bumsten zwar ein wenig mit den Köpfen an die Abteilwände. Aber man war dazumalen nicht weiter zimperlich und nahm einen solchen Puff schon in Kauf.

's Valtinche aber merkte, daß er mit dem Bremshebel behutsam umgehen müsse. Doch so einfach, wie er sich's gedacht hatte, war die Geschichte nun auch wieder nicht. Von Mainz-Süd aus geht es nämlich den Berg hinunter nach Weisenau. So 'ne alte hochbeinige 1 B-Maschine kommt da ganz schön in Fahrt, und wenn man richtig im Bahnhof halten will, muß man beizeiten das Bremsventil bedienen. Ja, wenn – –! Das Valtinche ging diesmal so zaghaft zu Werke, daß holterdipolter der Bahnhof bereits hinter ihm lag, als er den Hebel richtig umlegte. Da war es natürlich zu spät, und der Zug hielt weit außerhalb auf der freien Strecke mit dem Erfolg, daß die auf dem Bahnhof wartenden Reisenden den Schienenstrang entlang hinter dem Zug herhetzen mußten und aus sämtlichen Wagen ein einziges Geschimpfe und Gewetter schallte.

»Als wenn des so einfach wär, Bub, so'n schweren Expreßzug mir nix dir nix anzuhalte. Da mußt mit den Fingerspitzen arbeite und dann kann dir immer noch'n Malheur passiere!«

»Herr Belzer, seit wann halten denn die Expreßzüge in Weisenau?«

»Du dummer Bub, du deppeter, wenn d' jetzt net gleich dei Maul hältst, erzähl' ich dir nie nix wieder!«

Dem Valtinche seine Fahrkunst war offenbar nicht überall auf das rechte Verständnis gestoßen, denn der Zugführer und der Stationsvorsteher von Weisenau schalteten sich in den Chorus der Querulanten mit ein, so daß dem armen Kerl ordentlich angst wurde. Sein Heizer hätte ihm natürlich behilflich sein können, aber – wollte er das Valtinche 'reinlegen oder wußte er's selbst nicht besser – er tat nichts dergleichen.

Schaffeschaffe – schaffeschaffe – schaffeschaffe – zuckelte unser Expreßzuglokführer nach Laubenheim weiter, nunmehr übervorsichtig und langsam, so daß die Geschichte endlich einmal klappte. Bis auf kleine Schönheitsfehler gelang das Landemanöver auch in Bodenheim, Nackenheim, Nierstein und Oppenheim. Er hielt zwar mal weit draußen, mal zu weit drinnen, aber die Leute brauchten doch wenigstens nicht die Gleise entlangzuturnen.

Lokführer Valentin Belzer von der Hessischen Ludwigsbahn war patschnaß geschwitzt ob des schrecklichen und nervenzermürbenden Kampfes mit dieser Erfindung des Teufels, mit dieser Luftdruckbremse. Er verwünschte sie in den tiefsten Schlund der Hölle, sie samt ihrem Erfinder, und sehnte sich die goldene Zeit der Handbremse zurück, wie er sie vom Güterzug gewöhnt war. Die funktionierte wenigstens, die Kondukteure wußten im Schlaf, wann und wie stark sie an der Kurbel zu drehen hatten.

In Guntersblum bremste er zu früh, die Maschine blieb schon auf dem Bahnübergang stehen.

»Grad da hab ich gestanden, Bub, da, wo mer jetzt hingucke, und hab nochmals Dampf geben müssen. Aber der Satan ist damals mit uns gewesen. Ist doch die dicke Götze-Lies, die ihre Gäns' nach Mainz auf den Markt getragen hatte, schon aus der Tür von ihrem

Coupé geklettert, weil sie gemeint hat, sie wär daheim. Wie ich nun wieder Dampf geb', kullert das dalkete Weibt prompt vom Trittbrett 'runter und fällt in den Graben 'rein, wo s' zu schreien anfängt, als würde sie am Spieß gebraten. Der Kondukteur pfeift, ich halt an, er springt naus, um nach ihr zu schauen, da rappelt sich die Lies schon wieder auf, fuchsteufelswild kommt's vor an die Maschin' – gerad da an dere Stell hat s' gestanden, kreischt und keift und langt auf amol nach der Erd, greift sich'n Batzen Mist, der da gelegen hat und schmeißt'n mir aber genau an'n Kopf – ich wußt überhaupt net, wie mir geschah. Was s' dabei erzählt hat, brauchst net zu wisse, des war nix für gebildete Ohren. Bis heut

35

hat's mich noch net wieder angeschaut, die dalkete Trin. Aber ich grüß sie schon lang net, die dumm Gans, die - -! Hätt' doch im Coupé hocke bleibe solle!«

Mit Zittern und Zagen kutschierte also das Valtinche sein Rößlein weiter. Es war ein erbittertes aber hoffnungsloses Gefecht mit den Tücken der Luftbremse. Meist blieb die Bremse Sieger. Sein übervorsichtiges Fahren verursachte natürlich Verspätung. In Worms rannte der Zugführer schon ins Büro, um Meldung zu machen. Dem Valtinche schwante nichts Gutes. Dabei war der Kelch seiner Leiden noch lange nicht geleert. Das dicke Ende sollte erst noch kommen.

Bobenheim, Frankenthal und Oggersheim wurden so schlecht und recht angelaufen. Aber nun kam Ludwigshafen. Und Ludwigshafen, Gemeinschaftsbahnhof mit der Pfalzbahn, ist bekanntlich Kopfstation. Auf allen anderen Bahnhöfen konnte im Grunde nicht viel schief gehen, es war ja Platz genug vorhanden. Anders in Ludwigshafen. Als drohendes Schreckgespenst geisterte der Prellbock am Kopfgleis schon seit Frankenthal in Valtinches Gehirnwindungen umher. Voller Angst und Bangigkeit schlich er aus Oggersheim heraus und hätte am liebsten die Fahrgäste zu Fuß nach Ludwigshafen geschickt. Überängstlich tastete er sich an die Stadt heran. In der großen Kurve an der Sodafabrik wäre der Zug schon beinahe stehengeblieben. Er mußte den Regler wieder öffnen, denn es war immer noch ein Stück bis an den Bahnsteig. Natürlich bremste er auch dort viel zu früh. Abermals mußte er Dampf geben, dabei vor Todesangst aus allen Poren schwitzend. Kam es nun daher, daß er irritiert wurde, weil der Aufsichtsbeamte – von Worms aus gewarnt – auf dem Bahnsteig herumgestikulierte, kam es, weil die Schienen vom tropfenden Öl der haltenden Maschinen schlüpfrig geworden waren oder weil die Bremse tatsächlich versagte, jedenfalls gab es nach einigen außerplanmäßigen Radumdrehungen auf einmal einen großen Krach, Holz zersplitterte, Eisen verbog sich, ein Bersten, Kreischen, Knirschen – unser Held hatte zu guter Letzt noch den armen Prellbock meuchlings überfahren, so daß er als Ruine, als Schrotthaufen vor dem Querbahnsteig lag, vor dem die Lokomotive allerdings noch rechtzeitig zum Stehen gekommen war.

Die ganze Mainzer Betriebswerkstatt hat sich gebogen vor Lachen, als sie von Valtinches Abenteuer erfuhr, das sich natürlich wie ein Lauffeuer herumsprach. Nur gut, daß alles so ungefährlich verlaufen war. Außer dem zertrümmerten Prellbock hatte es keinen Schaden weiter gegeben. Nur die Puffer an der Maschine waren verbogen worden. Aber Valtinches Karriere war endgültig dahin. Er blieb Heizer bis zu seiner Pensionierung, wenn er auch immer erzählte: »Bub, mit'm Goliath, da wäre das nicht passiert. Das war ander Werk. Wie ein Fisch im Wasser, so sanft und elegant bin ich an den Bahnsteig gerollt und genau fünf Meter vorm Prellbock gehalten. Gar kein Vergleich mit der alten Hutsch'n von damals. Glaubst's net?«

Doch, ich glaubte es ihm, dem alten Valtinche, ich habe ihm alles geglaubt. Er war ja ein guter Mann. Und ob nun die Tassen in seinem Schranke alle vollzählig waren oder vielleicht an einigen nur die Henkel fehlten, was hat's mich schon gekümmert? Er ist nun schon lange tot. Die alte Hutsch'n habe ich nicht mehr kennengelernt, aber die Goliath-Maschinen, spätere preußische Gattung P 3, habe ich noch gesehen, wie denn in den frühen zwan-

ziger Jahren noch manchches Rößlein von der alten Ludwigsbahn irgendwo herumstand.

Das Valtinche hat mir noch viel erzählt. Aus allen seinen Worten
aber sprach eine unbändige Liebe zu seinem Beruf, trotzdem und
obwohl ihm der Erfolg versagt geblieben war. Vielleicht war gerade diese besondere Liebe der Grund, daß die Leute Andeutungen
machten, an seinem Gehirndacherl gäbe es einige schadhafte Stellen – jeder, der nicht die gleiche Straße wie die Masse einherzieht,
macht sich bereits verdächtig.

Ich habe freilich noch nicht erlebt, daß Vernunft ansteckend
gewesen wäre. Schon eher die Narretei. Vielleicht muß es so sein,
weil Vernunft so selten zu finden ist, daß man keine Gelegenheit
hat, ihre Wirkung auf die Umwelt zu kontrollieren. Ob mich nun
das depperte Geschwätz vom alten Valtinche allzu stark beein-
druckt hat, wie immer behauptet wurde, ich kann's nicht mehr
beurteilen, es ist zu lange Zeit vergangen. Aber ich bin auf jeden
Fall froh, von dem lieben alten Herrn noch so viele interessante
Dinge erfahren zu haben. Und wenn du, lieber Leser, einmal die
Bundesstraße von Mainz nach Worms in deiner Limousine daher-
brausen solltest und in Guntersblum wegen der geschlossenen
Bahnschranke auf die Bremse treten mußt, dann wende deine
Blicke voller Ehrfurcht nach rechts, wo die Prellsteine stehen.
Halte für einige Sekunden andächtig die Luft an: Du erblickst eine
geweihte Stelle. Sei dir dessen bewußt: Dort haben schon einmal
zwei Narren gesessen!

Wen die Götter lieben, den lassen sie in den Schulferien zu den Großeltern aufs Land fahren.

Wenn diese Vermutung stimmen sollte, dann muß ich bei den Beherrschern des Olymp einen gewaltigen Stein im Brett gehabt haben, denn sie hatten mir gleich zwei Paar Großeltern beschert, die so klug gewesen waren, sich auf dem Lande niederzulassen, die einen in Rheinhessen, das nur vermittels einer so wunderbar langen und spannenden Eisenbahnfahrt zu erreichen war, die anderen hingegen in Gerbstedt, fünfunddreißig Kilometer von meiner Heimatstadt Halle entfernt.

Gerbstedt! Es könnte auch Münsingen, Beilstein, Engelhausen oder Dannenberg heißen. Sie gleichen sich alle, diese romantischen Kleinstädtchen, die keine Dörfer mehr und noch keine richtigen Städte sind. Jedes ist in seiner Art gleich liebenswert, und wer kennt nicht irgendwo in der Welt ein solches Gerbstedt? Wer hat nicht schon einige Tage dort verbracht, sei es als Bub, sei es als reifer Mann, als Feriengast oder ganz einfach als Bewohner, aufgewachsen im stillen Frieden jener Gemeinwesen oder in späteren Jahren zugezogen, übersättigt von den Reizen der Großstadt und ihren mehr oder weniger fragwürdigen Vorzügen?

Es liegt anmutig an der Lehne eines nicht eben gerade tiefen Tales, das sich, als flache Mulde beginnend, von den Höhen des Südharzes bis in das Saalegebiet zieht. Die Häuser scharen sich dicht aneinander, die Straßen und Gassen verlaufen steil und krumm und sind mit großen Kopfsteinwacken gepflastert, damit Mensch und Tier besseren Halt beim Schreiten finden. Die Gäßlein tragen altertümliche und für den Fremden unverständliche Namen, eines mit der Bezeichnung »Kloppan« ist mir heute noch im Gedächtnis. Auf einer Bergnase stehen die Reste eines alten Nonnenklosters und liefern Stoff für den einer rechten Kleinstadt zugehörigen Sagenschatz einschließlich der bekannten Weisen Frau, die am Vorabend großer Ereignisse in den alten Gemäuern ihren Spaziergang macht. Das Haus der Großeltern ist so glücklich gelegen, daß man vom Stubenfenster aus das ganze Städtchen in all seiner Gemütlichkeit und Behäbigkeit übersehen kann.

Doch damit allein wäre noch nichts Außergewöhnliches über Gerbstedt gesagt. Es gibt ihrer so viele in der Welt. Nein, das Besondere und Wunderbare an Gerbstedt war die Kleinbahn. Jawohl, eine richtige Kleinbahn!

Nicht, daß die Stadt nun simpler Haltepunkt an einer Eisenbahnstrecke gewesen wäre, nein, sie war in meinen Augen ein bedeutender Knotenpunkt, denn eine zweite Strecke zweigte in Gerbstedt ab und verlief direkt hinter dem Garten des Anwesens meiner Großeltern entlang. Ich konnte vom Mittagstisch aus den Zug zu Tal fahren sehen. Wer wird bezweifeln, daß sich mit diesem Orte für einen kleinen Buben alle Herrlichkeiten dieser Erde verbanden, zumal er während der Zeit, von der ich berichte, bereits gelernt hatte, an einem Zuge vorn und hinten zu unterscheiden und das große schwarze Ding als Lokomotive anzusprechen?

Die Halle-Hettstedter Eisenbahn, HHE amtlich abgekürzt, war eine Bahn des bekannten Unternehmens von Lenz & Co., sie verband Halle mit dem Mansfelder Land und fand an ihrem Endpunkt Hettstedt im Südharz Anschluß an die Berlin-Blankenheimer Strecke der ehemaligen Preußischen Staatsbahn. Die zweitletzte Station vor Hettstedt aber ist eben Gerbstedt. Im Volksmund wird die Bahn bis zum heutigen Tage einfach »die Hettstedter« genannt. Das ist kurz und treffend und gibt zu keinen Verwechslungen Anlaß.

Nun möchte ich beileibe den braven Eisenbahnern von der »Hettstedter« nicht zu nahe treten. Sie fährt noch, ist inzwischen verstaatlicht und unterscheidet sich höchstens noch durch ihre wunderliche Linienführung von anderen Nebenstrecken. Der Betrieb wurde zuletzt mit Dampflokomotiven der Baureihe 86 durchgeführt, zum großen Teil mit modernen Wagen, eine Zeitlang sogar mit einer doppelstöckigen Garnitur. Seit dem Umbau der Bahn Mitte der zwanziger Jahre und Ausrüstung mit stärkerem Schienenmaterial ging es überhaupt aufwärts. Damals wurden Lokomotiven der Bauart ELNA 5 und 6 sowie neue größere Wagen angeschafft und für einen zügigen und reibungslosen Betrieb gesorgt.

Aber vorher!

Freunde, die ihr heute im Automobilsalon die glitzernde Pracht chromblitzender Straßenkreuzer bewundert, die ihr auf den Bahnhöfen die elektrischen Schnellfahrlokomotiven, die Dieselmaschinen oder den Trans-Europ-Expreß als etwas Selbstverständliches hinnehmt, die ihr euch, um von Land zu Land zu reisen, dem technischen Komfort und der Eleganz einer Boeing Jet anvertraut, Freunde, ihr ahnt nicht im entferntesten, welch herrliches Abenteuer es bedeutete, mit einer richtigen Kleinbahn zu fahren. Ein Erlebnis, von dem man bis an das Ende seiner Tage zehrt.

Die Großeltern in Gerbstedt sorgten besonders auf dem Gebiet der Ernährung für uns arme Städter. Von Zeit zu Zeit mußte mein Vater oder meine Mutter hinaus in die kleine Stadt fahren und in Empfang nehmen, was sich im Laufe der Wochen an nahrhaften Dingen angesammelt hatte, Eier, Geschlachtetes, vom Leben zum Tode befördertes Federvieh oder auch einfach Obst und Gemüse. Und da die Großeltern Schwein und Ziege, Hühner, Enten, Gänse und einen großen Garten besaßen, kam schon allerlei zusammen, so daß es sich lohnte, mit einer großen Kiepe auf Hamsterfahrt zu gehen. Diese nahrhafte Unterstützung – das muß ich noch vorausschicken – wurde damals recht gern gesehen, denn wir lebten ja in der Turbulenz der ersten Nachkriegsjahre. Die Stadt Halle und ganz Mitteldeutschland wurden damals von schweren Unruhen erschüttert. Max Hölz – den Älteren noch gut bekannt – trieb sein Wesen, und die Ruhe kehrte erst ein, als Militär nach harten Kämpfen die Stadt besetzte. Dazu kam die Inflation mit all ihren üblen Randerscheinungen. Jedenfalls hat es schon frühzeitig an Spannung und Aufregung in meinem Leben nicht gemangelt.

Die »Hettstedter« fährt vom Bahnhof Halle-Klaustor ab. Der Zug ist lang, die Lokomotive winzig klein. Das »Billet« kostet einige Millionen, aber was tut's, man hat's ja, man kann's, die Brieftasche quillt über von großformatigen bunten Scheinen. Gefahren wird selbstverständlich vierter Güte, wie die 4. Wagenklasse genannt wird, denn die Eltern halten nichts von unnötigem Luxus. Die 4. Klasse-Wagen stehen vorn und hinten im Zuge und sind im Grunde nur auf Räder gestellte große Kajüten. Rings um die Wände der Kajüte zieht sich eine einfache Sitzbank, von der Decke herab baumeln reihenweise angebrachte Lederschlaufen zum Festhalten für die Stehplatzbenutzer. In der Ecke schließlich finden wir das der vierten Klasse so arteigene Requisit, den weißemaillierten Spucknapf, auf dessen segensreiche Bedeutung ein Schild oben an der Wand aufmerksam macht: Zur Förderung der öffentlichen Gesundheitspflege wird dringend ersucht, nicht in den Wagen zu spucken!

Wir benutzen den Mittagszug, der den einmaligen Genuß bietet, in Gemeinschaft mit all den Marktfrauen zu reisen, die ihr Gemüse auf dem Wochenmarkt der Stadt verhökert haben. Der Wagen gleicht mehr einem Warenlager als einem Reisebehältnis. Körbe, Säcke, leere Kisten und Kästen stehen herum, nicht verkaufte Hühner gackern, Tauben gurren, es riecht nach faulem Obst und schlechten Eiern, nach Speck, Schinken und Räucherware – kurzum, wir sitzen in einem Basar des Orients, auf die Gleise der Hettstedter gestellt. Aber auch wir haben eine Tragkiepe mit, oben säuberlich mit einem Tuch verhüllt.

Diese Marktfrauen!

Wer noch keine klassische Vertreterin dieser im Aussterben begriffenen Gilde gesehen hat, der enthalte sich jeder Äußerung zu diesem Thema. Breit und gewichtig, selbstbewußt und schwer hocken sie Hüfte an Hüfte auf der Bank, die Hände vor den dicken Bäuchen gefaltet. Kopftücher umrahmen ergraute Häupter und

verwitterte Gesichter. Meist haben sie noch ein großkariertes Umschlagtuch um die Schultern. Es sind ausgesprochene Walkürengestalten darunter mit Fäusten wie ein Kohlentrimmer. Sie hucken mit Leichtigkeit den schweren Tragekorb aufs Kreuz und kommen wie Grenadiere anmarschiert. Alle aber haben ein Mundwerk, geradezu begnadet in Wortreichtum und Lebendigkeit. Ist das ein Schwatzen, ein Erzählen, ein Schimpfen im Wagen,

kein gutes Haar wird an den verwöhnten und hochnäsigen Städtern gelassen, denen der Hunger aus den Augen schaut und die dabei noch so mäkelig in der Wahl der Nahrungsmittel sind. Das alles, Geschimpf, Genörgel, Gelächter geschieht in jener melodisch singenden Mundart des Mansfelder Landes. Ein paar »ahle Vattersch« sitzen mit »mang«, sie sorgen, kräftig an langen Piepen saugend, für den nötigen Dampf in der Bude, für die milieugerechte gemütliche Atmosphäre, die sich in Gestalt einer blau-grauen Dunstwolke mehr und mehr über die geschwätzige Reise-gesellschaft senkt.

Gegen zwei Uhr – damals gab es noch nicht die 24-Stunden Zeit – hatte man im Fahrplan die Abfahrt vorgesehen. Doch diese Anga-be war wohl nur der Vollständigkeit halber gemacht worden, so genau nahm man es nicht bei der Hettstedter. Wenn sich also der große Zeiger der Bahnhofsuhr anschickte, eine neue Runde im Anschluß an die zweite Nachmittagsstunde zu drehen, verließ der kartenknipsende Bahnbedienstete seinen Standplatz am Latten-zaun, der den Warteraum vom »Perron« trennte und verlegte ihn nach draußen, auf die vor dem Bahnhofsgebäude vorüberführen-de Mansfelder Straße. Der Bahnhof Klaustor war nach einfachen raum- und geldsparenden Prinzipien in einstöckiger Bauweise angelegt. Dort draußen auf der Straße konnte der Mann schon von weitem beobachten, ob sich eines seiner Schäflein verspätet hatte. Sah er dann die »Mutter Webern« oder die »Muhme Lehmann« im Schnellschritt angehastet kommen, dann munterte sein eifriges Winken zu kräftigem Endspurt auf. Auch die nächste Straßenbahn, die damals noch nicht bis zum Stadtwald verlängert war, sondern am Bahnhof Klaustor ihre Endstation hatte, wurde noch abgewartet. Waren nun offensichtlich »all aboard«, dann wurde der »Perron« geschlossen, der Aufsichtsbeamte mit der roten Mütze – jawohl, den gab es auch – erschien mit ausgespro-chener Wichtigkeit auf der Bildfläche, Schaffner und Zugführer riefen von vorn und hinten ihr »Fertig«!, schließlich »blus« der Rotbemützte mit kräftiger Lunge in seine Trillerpfeife, daß die Hühner im Verschlag neben der Gepäckabfertigung ängstlich zu gackern begannen. Bimbaum – bimbaum – bimbaum hub das Läutewerk an zu wimmern, das den Zug zur nächsten Station voraus meldete. Von der Spitze der Wagenreihe her vernahm man daraufhin ein heiseres Ächzen, Schnauben und Prusten, irgend etwas begann an den Zughaken herumzuzerren, das sich bei näherer Betrachtung als Lokomotive erwies. Es war ja so klein, das Maschinchen, daß man es erst gewahr wurde, wenn man davorstand. Die gemütliche Fuhre setzte sich in Bewegung.

Hach, was waren das doch für erregende Augenblicke! Ich hatte zwar meine liebe Not mit den Fenstern. Wegen des Dampfes im Raum beschlugen sie ständig, und ich mußte mir von Zeit zu Zeit ein Guckloch wischen, aber was tat's, ich konnte mich nicht sattsehen ob all der Herrlichkeiten. Da die Bänke rings um die Wände liefen, man also rückwärts zum Fenster saß, mußte ich mich herumdrehen und auf die Bank knien, wenn ich etwas sehen wollte. Und zu sehen gab es genug. Da polterten wir gleich hinter dem Klaustor-Bahnhof über die Saalebrücke, bei deren Passieren mich jedesmal schauderte, wenn ich ins gurgelnde Wasser – dort befand sich obendrein noch ein Wehr – schaute. Anschließend ging's am Maschinenschuppen vorüber, vor dem gewöhnlich einige Feuerrösser von der Familie der Langessen herumstanden. Dann fuhr der Zug mit der schwindelerregenden Geschwindigkeit von wenigstens fünfzehn Stundenkilometern auf hohem Damm, von mehreren Flutbrücken unterbrochen, über die Saalewiesen hinüber zum nicht sehr fernen Stadtwald und dem damaligen Vorort Nietleben, wo das erste Mal gehalten wurde. Es ist der heutige Bahnhof Halle-West. Für die drei Kilometer bis dorthin brauchten wir schon zehn Minuten. In der »Kajüte« war es inzwischen erst richtig gemütlich geworden. Man hatte sich gegenseitig warm geredet, und da sich herausstellte, daß keiner mehr Geld als der andere eingenommen hatte, gab es weder Neid noch Mißgunst, sondern alles war zufrieden.

Von Nietleben aus führt die Strecke steil den Berg hinauf in die »Heide«, den hallischen Stadtwald hinein. Das war aber insofern kein Problem, als meist eine Rangiermaschine zur Stelle war, die den Zug hinaufdrücken mußte. Da der 4. Klasse-Wagen am Schlusse lief, klang laut und kräftig das Arbeiten der Schiebelok in den Ohren der Reisenden, für mich natürlich eine geradezu himmlische Musik. Es war aber mehr ein Ächzen, Husten und Niesen, jenes Arbeitsgeräusch der Schiebelok, denn sie war ja genauso klein wie ihre Schwester an der Spitze des Zuges. Wenn man zur auf die Plattform führenden Tür hinausschaute, sah man den Lokführer im Führerhaus seine Pfeife rauchen. Die beiden Dampfrösser sprachen sich gegenseitig Mut zu. Während aber die Kollegin vorn recht verzweifelt seufzte »ich schaff' es nicht – ich schaff' es nicht'«, gab sich die Schwester hinten wesentlich optimistischer und echote »Ich schaff' es doch – ich schaff' es doch!«

»Die Kleinbahn ist tot – es lebe die Kleinbahn!« möchte man bei der Erinnerung an diese herrlichen Stunden ausrufen. Was ist uns doch mit dem Fortfall dieser Einrichtung verlorengegangen. Man komme mir nicht mit dem albernen Geschwätz vom technischen Fortschritt, mit dem sich letztlich auch die Guillotine dem Galgen gegenüber vertreten läßt. Nein, auf der Kleinbahn kriegte man keinen Herzinfarkt. Im Gegenteil, als Quelle ungetrübter Heiterkeit, Muße und geruhsamer Sammlung kam eine Fahrt auf ihr einem Sanatoriumsaufenthalt gleich. Mit ihr sind das erholsame

Betrachten der Landschaft, das bedächtige Gespräch von Mensch zu Mensch und nicht zuletzt die innere Gelassenheit und Selbstbescheidung endgültig dahingegangen.

Die Erbauer der »Hettstedter« hatten seinerzeit wenig Federlesens gemacht. Die Strecke durfte nicht viel Geld kosten und war nach ausgesprochenen Billigkeitsprinzipien angelegt. Die Trasse folgte getreulich, wo es nur anging, Straßen und Feldwegen, jede Krümmung und jeden Knick pedantisch mitmachend. Von Kunstbauten hielt man nicht viel. Stand ein Berg im Wege, legte man die Gleise einfach über ihn hinweg. Manchmal muß man heute noch den Kopf schütteln ob dieser wunderlichen Linienführung. Daß jedes Dorf seinen Bahnhof bekommen mußte, galt als Ehrensache. Zu den neigungstechnischen Besonderheiten gesellte sich noch ein ausgesprochener Zickzack-Verlauf der Strecke. Diesen Berg- und Talbahnbedingungen zeigten sich leider die anfangs angeschafften winzigen B-Lokomotiven ganz und gar nicht gewachsen. In den Jahren 1903 und 1906 wurden daher vier B'B-Mallet-Tenderlokomotiven angeschafft, die jedoch nun wieder zahlenmäßig nicht ausreichten, so daß die kleinen Knirpse weiterhin im Einsatz blieben. Ein Wandel trat erst ein, als die bereits erwähnten ELNA-Maschinen in Dienst gestellt wurden. Die alten Maschinen wurden verkauft. Eine der kleinen B-Lokomotiven von 1895 stand noch 1946 als Betriebsnummer 9 bei der Deutschen Eisenbahn-Betriebsgesellschaft auf der Strecke Voldagsen – Duingen – Delligsen in Dienst, während die ehemalige Mallet-Lokomotive Betriebsnummer 24 bei der Süddeutschen Eisenbahn-Gesellschaft noch im Jahre 1951 zu sehen war.

Doch lassen wir das Naserümpfen über die alten Bahnbauer sein.

Es ist längst bekannt, daß wir heute so viel klüger sind und die Weisheit mit einem großen Kochlöffel zu uns genommen haben. Unser Züglein hat sich also durch den Stadtwald hindurch gekämpft, ist den kurzen Berg zum Bahnhof Dölau hinaufgedampft, hat dort den Gegenzug getroffen, der bereits geduldig gewartet hat, und ist dann immer am Feldweg entlang nach Lieskau hinunter gestolpert, das Lokomotivchen mit wirbelnden Kuppelstangen und geschwind und hurtig rollenden Räderchen. Auch der Weg von Lieskau nach der folgenden Station Cöllme ist gangbar, wenngleich der nach wissenschaftlicher Klarheit forschende Ingenieur der Frage nicht aus dem Wege gehen kann, weshalb man hier auf ebenem Plan die Trasse in Schlangenwindungen verlegt hat. Cöllme wird glücklich erreicht. Das Züglein bekommt eine Verschnaufpause, denn jetzt passiert's. – Was passiert?

0 weh, mein Freund, hast du nicht das Raunen im Zuge vernommen? Das Umsichblicken der vielerfahrenen und bestens streckenkundigen Marktfrauen? Hörst du nicht bange Ahnungen und ängstliche Gedanken im Raume geistern? Große Ereignisse werfen ihre Schatten voraus. Man ergeht sich in Vermutungen und Befürchtungen. Schafft sie's oder schafft sie's nicht?

Läge die Hettstedter in angelsächsischen Landen, hätte in Cöllme ein Wettbüro vermögend werden können.

Jetzt kommt der Fienstedter Berg!

Eijeijei, noch in der Erinnerung überläuft's mich kalt, wenn ich daran denke. War das ein Erlebnis! Erfahrene Fahrgäste, die bereits tiefer in die Betriebsgeheimnisse der HHE eingedrungen waren, ergingen sich in pessimistischen Außerungen: »Mer ham de Kaffeemühle davor, da schaff'n mer's nich!«Andere begannen bereits zu schimpfen, daß sie diese und jene Verrichtung, die sie sich noch für den Nachmittag vorgenommen hatten, nun nicht würden erledigen können wegen der zwangsläufig folgenden Verspätung des Zuges. So brandeten die Wogen der öffentlichen Meinung kräftig empor, während ich dem armen Lokomotivchen heimlich die Daumen drückte, daß es den Berg bezwingen möchte.

Die Besteigung des Nanga Parbat muß ein Kinderspiel gegen den Fienstedter Berg gewesen sein.

Der Heizer hat inzwischen eingekachelt, daß der Schornstein glüht. Schwarzbraune Qualmwolken wälzen sich das Tal entlang. Die Spannung wächst von Minute zu Minute. Endlich der Abfahrtspfiff! Es geht los. – Und wie!

Unser Maschinchen will sich schier überschlagen, um auf den wenigen Metern, welche die Strecke eben verläuft, einen tüchtigen Anlauf zu nehmen.

»Haschehasche – haschehasche – haschehasche – –!« jubelt sie fröhlich aus ihrer kleinen schwarzen Seele heraus. Jetzt kommt die große Kurve über den Salzke-Bach, die Steigung beginnt, der Knoten des Dramas beginnt sich zu schürzen.

Die Atemstöße der Maschine werden lauter, tiefer, kräftiger. »Haschehasche – haschehasche – haschehasche – –!« Das Lokomotivle wackelt und schlingert, die Wagen tuckern treu und folgsam hinterher – die Fahrgäste haben den Atem angehalten, die Gespräche sind verebbt, die Spannung steigt auf den Siedepunkt, denn die Entscheidung naht.

Das Maschinchen schwitzt und keucht, dampft und hustet, ächzt und stöhnt – und kraxelt und kraxelt Meter für Meter hinauf.

Aber was nützt aller guter Wille, wenn die nötigen Pferdestärken nicht vorhanden sind? Armes kleines Lokomotivchen. Es ist rührend, wie du dich gegen den Zughaken stemmst, wie deine vier Räderchen sich förmlich in das Gleis saugen – ohne Erfolg. Längst ist das muntere »Haschehasche« einem heiseren, gequälten »Hasch – – hasch – hasch – –« gewichen. Aber auch die Pausen zwischen den einzelnen Schnaufern dehnen sich mehr und mehr in die Länge, leider auch die Gesichter der Fahrgäste, und es soll sich erweisen, daß die Pessimisten, wie so oft im Leben, wieder einmal recht behalten haben.

Ein lautstarkes »Hasch«, wie der letzte verzweifelte Aufschrei einer gequälten Seele, eine letzte Anstrengung aus der Todesangst geboren, ein verschwimmendes Stöhnen, das in ein resignierendes Zischen übergeht – unser Lokomotivle bleibt einfach stehen – es geht nicht mehr.

Ja, so war das damals, anno einundzwanzig oder zweiundzwanzig oder dreiundzwanzig. Da stand er nun, der Zug. Was jetzt?

Die Bahnbeamten haben mir jedesmal leid getan. Denn jetzt legten die Marktfrauen los. Das war Wasser auf die Mühle ihrer Sprachwerkzeuge. Allenthalben knallten die Fenster herunter, spitze Zungen spien Gift und Galle auf die armen Maschinenmänner, die draußen vor ihrem Rößlein standen und überlegten, ob sie die Wagen abhängen und jeden einzeln hinaufbefördern oder lieber zurückrollen sollten. Wer ganz witzig sein wollte, schlug vor, auszusteigen und nebenherzulaufen. Aber das schien wohl nicht ernst gemeint. Jedenfalls war die Stimmung fabelhaft. In meinem kleinen Herzen stritten sich die Gefühle. Teils fand ich die Geschichte außerordentlich spannend und dramatisch, teils stieg ein wenig Bangigkeit in mir auf, wie es denn nun weitergehen sollte.

Machen wir's kurz. Es bleibt nichts anderes übrig, als zurückzurollen und wieder nach Cöllme zu fahren. Dorthin wird die Rangiermaschine beordert, die in Windeseile hinterhergeflitzt kommt. Dann geht es mit vereinten Kräften, viel Geschnauf, Gestampf und Gepuste den bösen Berg hinauf.

Auch heute pufft mit weithin hallenden tiefen Auspuffschlägen die 86er Maschine bedächtig die lange Steigung hinauf, wenn ein Steckenbleiben zwar schon lange nicht mehr vorgekommen ist. Doch nun ist das Schlimmste für die Hinfahrt überstanden. Der Zug rumst und bullert geschwind seine Bahn dahin. Eine recht geräuschvolle Angelegenheit ist es zwar. Zentimeterbreit sind die Lücken der in schlechtem Zustand befindlichen Gleise. Es paukt und rattert, daß einem Hören und Sehen vergehen kann. Rumbum – rumbum rumbum – rumbum – donnert der Wagen dahin, und bei jedem Rumser machen die Insassen alle zusammen eine kleine Verbeugung. Nun verlieren sich die Fahrgäste. In Fienstedt steigen die ersten Marktfrauen aus, der Rest verschwindet auf den folgenden Stationen, die große Kajüte leert sich allmählich. Im Bahnhof Schwittersdorf kann unser Maschinchen die drei vordersten Wagen abhängen und auf ein Nebengleis schieben. Erleichtert lärmt sie jetzt los, ist aber noch lange nicht am Ziel. Dorf reiht sich an Dorf. Die Bahn führt über ein Hochplateau an reichen, fruchtbaren Feldern vorüber. Rottelsdorf und Burgsdorf ziehen vorbei, dann geht es steil ins Tal hinab nach Polleben. Die Trasse folgt einem Wässerlein, läuft an der klappernden Sehringsmühle vorüber. Nach einem letzten Halt in Helmsdorf erklimmt der Zug den Gerbstedter Berg, den er aber dank der verminderten Last ohne Steckenbleiben schafft. Am Gerbstedter Bahnhof beim Dietrichschen Anwesen steht schon die gute Großmutter, ihr silbernes Haar leuchtet von weitem. Ich winke, und sie hat mich auch gleich gesehen. Eine dreiviertel Stunde wartet sie bereits, denn so viel Verspätung hat unsere gemütliche Fuhre. Um so größer ist die Freude, daß alles wohlbehalten angekommen ist, und beim Aussteigen geht mein erster Blick zur Maschine, die sich verschämt vor den vier Wagen duckt, so als habe sie ein recht schlechtes Gewissen.

Liebe alte Hettstedter! Heute bist du eine vollgültige Bahn und bist es schon seit dem Umbau und dem Ankauf der ELNA-Lokomotiven. Aber weißt du, damals, als du noch so 'ne richtige Kleinbahn warst, da habe ich dich fast noch lieber gehabt. –

In Gerbstedt ließen die Großeltern einem rechten Räuberbubenleben freien Lauf. Es gibt wenige dumme Streiche, die ich nicht ausgeführt hätte. Ich erwähnte bereits, daß hinter dem Garten der Großeltern die Zweigbahn nach Friedeburg entlangführte. Man wollte um die Jahrhundertwende eine Verbindung des Südharzlandes mit den Saaledörfern und der Staatsbahn in Könnern schaffen, hatte sich dann aber vor der zu bauenden Saalebrücke gefürchtet und war kurzerhand am Flußufer stehengeblieben. Ein GmP – Güterzug mit Personenbeförderung – befuhr täglich die Strecke, nur im Herbst wurde zusätzlich der Rübenzug eingelegt. Da die Fahrzeiten des Zuges bekannt waren, konnte wenig passieren. Die Strecke eignete sich ideal als Spielplatz. Eine ganze Reihe von Rangen fand sich alsbald zusammen und bildete eine rechte Stromerbande, die nichts wie Unfug im Kopf hatte.

Da wurden reihenweise Steine auf die Schienen gelegt oder mit dem Schotter vom Bahndamm herab nach den Äpfeln in den tiefer gelegenen Gärten geworfen. Oder kurz vor dem heranschnaufenden Zug noch über die Schienen gerannt, daß Lokführer und Heizer fuchsteufelswild aus der Maschine herausschimpften. Dann bekamen sie noch lange Nasen gedreht und wurden ausgelacht. Aber wehe, der Feldhüter oder der Gendarrn waren im Anmarsch. Dann stob die Gesellschaft wie ein Volk Hühner nach allen Richtungen auseinander. Wir liefen, bis uns die Seiten weh taten und waren während der nächsten zwei Stunden wie vom Erdboden verschwunden.

Das schönste aber waren die abendlichen Spaziergänge mit dem Großvater, hinten zum Gartentor hinaus, über die Felder, am Bahnhang entlang. Großvater dampfte dabei fleißig mit seiner langen Pfeife und wußte Dinge zu erzählen, wie sie so recht ein Bubenherz begeistern. Ganz nebenbei machte er mich auf diese oder jene Erscheinung am Wegrain aufmerksam. Unsere Wanderungen endeten regelmäßig damit, daß der Abendzug aus Halle abgewartet und betrachtet wurde. Dann war es meist schon dunkel, die große Stille war über das Land gezogen, Fledermäuse huschten lautlos über uns hinweg und sorgten für einen gelinden Schauder. Man spürte förmlich die Nähe der guten Geister dieser Erde. Auf diesen abendlichen Gängen, die wir noch beibehielten, als ich längst erwachsen war und dem alten Manne das Laufen immer beschwerlicher wurde, erfuhr ich aber auch, welch einen festen Platz die Eisenbahn im Leben der Landbevölkerung einnimmt, wie der Lokomotivenpfiff die Rolle der Kirchturmuhr übernommen hat. Frühzug und Mittagszug legten die Pausen im Tagewerk

fest, und wenn der Abendzug den Berg heruntergepoltert kam, dann gab dessen langgezogener Pfiff das Zeichen, daß der Tag seine Vollendung gefunden hatte und die Zeit der Ruhe gekommen war. Je älter und größer ich wurde, um so mehr nahm das Interesse an den Maschinen zu. Stundenlang trieb ich mich auf dem Bahnhof umher. Dort stand ein kleiner Maschinenschuppen, der auch immer mit einigen Maschinen besetzt war. Ich bin in allen Ecken herumgekrochen. Es war ja so herrlich, dort sozusagen Haut an Haut mit der Lokomotive zu stehen, sich jedes Teil so eingehend betrachten zu können. Dort habe ich die Lokomotive viel mehr als in Halle in allen Einzelteilen kennengelernt. Einige Führer hatten Verständnis für das Interesse des Buben. Während der vierwöchigen großen Ferien lernten wir uns kennen, und die Freundschaft wurde regelmäßig wieder erneuert. Dabei beobachtete ich jeden Handgriff, jede Handreichung, Wassernahme, Bekohlung, Reparaturen, Ausschlacken auf das genaueste. Ich kannte alle Maschinen schon von weitem an charakteristischen Kleinigkeiten und muß bekennen, daß mir von all den vielen Lokomotiv-Gattungen, die ich in meinem Leben schon zu sehen bekommen habe, die ELNA-Maschinen am vertrautesten geblieben sind. Seit 1923/24 besaß die »Hettstedter« vier ELNA 5 (Betr. Nr. 151-154) und vier ELNA 6 (Betr. Nr. 181-184) -Lokomotiven für den Streckendienst nach Hettstedt, sämtlich von der Lokomotivfabrik Krauss gebaut. Nach Verkauf der Mallet-Maschinen Nr. 21-24 kamen 1927 für den Hafenbahn- und Vorortverkehr noch drei ELNA 6-Lokomotiven (Betr. Nr. 185-187), diesmal von Hohenzollern, dazu. Für diejenigen Leser, denen das Eisenbahn-Einmaleins nicht so geläufig ist, sei kurz erklärt, daß mit der Bezeichnung ELNA 5 und 6 typisierte Heißdampf-Nebenbahnlokomotiven der Achsfolge 1'C und D gemeint sind.

Später, als ich herangewachsen war, fuhr ich mit dem Fahrrad zu den Großeltern, natürlich immer neben der Bahnstrecke einher, das war Ehrensache. Das Fahrrad hat jedoch meiner Narretei in keiner Weise Abbruch getan, im Gegenteil, jetzt war ich im Geiste eine große Staatsbahnlokomotive, die den Fienstedter Berg mit Leichtigkeit zu nehmen wußte.

Der kleine Rückblick auf die »Hettstedter« wäre jedoch unvollständig, wollte ich nicht der T 9^1 gedenken.

Sie kam anfangs der zwanziger Jahre zur Bahn und erhielt die auffallende Betriebsnummer 1. Wie man gerade auf diese preußische T 9^1 gekommen war, habe ich auch später nicht herausbekommen. Vermutlich war es ein Gelegenheitskauf gewesen, denn just um diese Zeit schieden diese C 1'-Zweizylinder-Naßdampf-Tendermaschinen aus dem Bestande der Reichsbahn aus. Sie hat sich auch bei der HHE nicht lange gehalten aus Gründen, die wir sogleich näher kennenlernen werden.

Ei, war das eine Lust, als die T 9^1 erschien! Nicht allein, daß es im etwas eintönigen Bilde der ELNAs endlich einmal Abwechslung gegeben hätte, nein, die neue alte Maschine war wirklich sehens- und vor allem hörenswert. Ich war ja damals schon ein bedeutender »Eisenbahnfachmann« und konnte mir ein Urteil erlauben. Nun, ich will weder der preußischen Staatsbahn, die einstmals den Bau der T 9^1 veranlaßt hat, noch meinem alten Freunde Robert Thiele, dessen Lieblingslok sie ist, zu nahe treten, aber das eine muß ich doch verraten: Wenn die T 9^1 so viel gezogen hätte, wie sie Krach vollführt hat, dann wäre alles gut gewesen. Aber so - -. War das eine lautstarke Dame!

Gleich vom Bahnhof Gerbstedt aus geht die Strecke Richtung Halle in eine Steigung 1:40 über. Das ist ein schwieriges Stück, weil kaum die Möglichkeit besteht, einen tüchtigen Schwung zu nehmen. Wenn dann der Zug an den Festtagen noch recht lang ist, etwa am zweiten Osterfeiertag der Abendzug, dann – o weh – es muß zwangsläufig schiefgehen.

Da schnauft er eben von Welfesholz herüber, der Abendzug nach Halle, rumpelt in den Gerbstedter Bahnhof hinein, kommt mit kreischenden Bremsen zum Stehen, während die Luftpumpe emsig zu arbeiten beginnt. Die Reisenden drängen in die Wagen, ich klettere in das erste Abteil des unmittelbar hinter der Lokomotive, unserer stolzen T 9[1], laufenden Plattformwagens. Der Heizer macht schon fleißig Dampf, denn der Zug ist lang und schwer. Die gute Großmutter hat wieder ihren Standort bei »Dietrichs« bezogen, um zum Abschied zu winken, auch der Großvater ist hinten den Gartenweg entlanggekommen, die lange Pfeife im Munde, ohne die ich ihn nie gesehen habe.

Dann geht's los. Die Auspuffschläge donnern nur so gegen den Abendhimmel, als sich der Zug in Bewegung setzt, das Echo rollt von den Berghängen zurück, die Maschine wird schneller und schneller, tobt und lärmt lauter, heftiger, denn es geht jetzt in die Steigung hinein. Ich lehne am offenen Fenster, winke der Großmutter – bald stand sie nicht mehr an jenem Platz, sie verstarb kurz darauf – aber ich habe mich zu früh verabschiedet. Langsamer und langsamer wird das schreckliche Wüten unseres Giganten. Es hilft nicht, das starke Feuerroß zu markieren und dicke Dampfwolken zu speien – wenige Meter noch – da – der Zug steht. Gelächter in den Abteilen, spöttische Bemerkungen zu den Maschinenmännern. Nun, sie lassen sich's nicht verdrießen. Der Zug rollt zurück, in den Bahnhof hinein. Großmutter freut sich diebisch, als ich wieder bei ihr erscheine.

Der Tragödie zweiter Teil beginnt. Der Heizer schürt ordentlich, schwarzer Qualm wälzt sich ins Tal. Das Sicherheitsventil beginnt zu zischen. Auf ein neues!

Wieder krachen die Auspuffstöße los, wieder geht's mit Volldampf die Steigung hinauf, abermals winke ich der lieben alten Frau. Nun, immerhin haben wir es ein paar Meter weiter geschafft, als unser Riese Goliath das Rennen aufgibt.

Wie wir jedoch neuerlich zurückrollen, beginnt sich die Stimme des Volkes zu regen, und da Volkes Stimme bekanntlich Gottes Stimme ist, muß es den beiden Maschinisten wie das Jüngste

Gericht in den Ohren geschallt haben. Wie hat die Großmutter gelacht! Die Tränen laufen ihr über die runzligen Wangen, als wir nun schon zum vierten Male an ihr vorbeischaukeln. Ob's der Lokführer auf sich bezogen hat, weiß ich nicht, fuchsteufelswild ist er jedenfalls gewesen. Als wolle er das alte Weiblein mit Haut und Haaren verschlingen, so hat er sie mit seinen Blicken durchbohrt. Offenbar muß der arme Heizer als Blitzableiter dienen, denn – vom offenen Fenster aus kann ich alles gut hören – aus dem Führerhaus erklingen Bruchstücke einer lautstarken Schimpfkanonade, in deren Verlauf Anreden, wie sie im allgemeinen nur zur zoologischen Klassifizierung des gehörnten bäuerlichen Viehbestandes verwendet werden, herausschallen. Aller guten Dinge sind drei. Diesmal schieben wir unter leidenschaftlichen Diskussionen des Maschinenpersonals weit zurück, fast durch den ganzen Bahnhof durch, ehe gehalten wird. Alles wiederholt sich – wie gehabt. Es wird geschürt, gequalmt, gepfiffen und dann mit voller Füllung der Zylinder losgekracht, daß das Bahnhofsgebäude wackelt. Zum fünften Male darf ich der alten Frau winken, aber diesmal ist die Mühe von Erfolg begleitet. Mit schrecklichem Toben und einem furchtbaren Zorn stampft unsere T 9[1] den Berg hinauf, legt sich in die große Kurve hinein und wackelt die Felder entlang, entsetzlich in ihrer grimmigen Kraftentfaltung anzuschauen. Ich halte die Luft an und warte auf den Augenblick, wo der Schornstein fortfliegt. Das müssen die Leute damals in der ganzen Umgebung vernommen haben. Bei jedem Auspuffschlag klirren die Fensterscheiben in meinem Abteil, die Erde bebt, der Himmel verfinstert sich, nein, hier können Worte nicht viel ausrichten, man muß selbst einmal hinter diesem feuer-

und wasserspeienden Berg von T 9[1] im ersten Wagen, noch dazu, wenn die Lokomotive rückwärts davorgekuppelt ist, gefahren sein, um das verstehen zu können.

Es war wundervoll. Aber dann, auf dem Berg nach Helmsdorf hinunter, hui, da hat sie gezeigt, was sie leisten kann, unsere tapfere Maschine.

So war's bei der »Hettstedter«. Und so war's in Gerbstedt. Ach, wie lange ist das alles schon her.

Sie sind verschwunden, all die vielen Hettstedter, die es einmal in Deutschland gegeben hat. Und wenn sie noch vorhanden sind, wie in meinem Falle, dann ist der alte Reiz dahin. Verschwunden auch die Marktfrauen, sie sind längst – soweit sie überhaupt noch existieren – motorisiert. Verschwunden die »ahlen Vattersch« mit den langen Schmauchepiepen, verschwunden die Touristenklasse vierter Güte, die alten Klapperwagen, die winzig kleinen Maschinchen, die krummen Schienen, die – – – nun, das Leben geht weiter.

Was ist eigentlich besser geworden?

Die Loksche

*N*ach so viel Eisenbahnerlebnissen in frühester Jugend wird es niemanden wundern, wenn allmählich – drücken wir es vorsichtig aus – ein freundschaftliches Verhältnis zur Eisenbahn entstand. Es heißt ja immer, daß gerade die Jugendeindrücke am stärksten im Menschen haften blieben. Nun, war das bisher Erzählte mehr oder weniger auf einzelne Reisen beschränkt gewesen, die noch von anderen Eindrücken überschattet wurden, so trug ein Ereignis mehr als alles andere dazu bei, daß aus der erwähnten Freundschaft eine ausgewachsene Begeisterung wurde: Meine Eltern verlegten ihre Wohnung in eine Straße unmittelbar am Bahngelände. Wenn ich also aus dem Fenster schaute, fiel mein erster Blick auf die Eisenbahn. Das Puffen fahrender Züge wurde tägliche und nächtliche Begleitmusik meines Lebens. Eine wohlmeinende Bahnverwaltung hatte das Bahngelände zur Stadt hin lediglich durch einen Lattenzaun abgetrennt, dort, wo heute die häßliche Mauer steht, so daß sich der Betrieb herrlich beobachten ließ. Das um so leichter, als auch noch ein breiter, baumbestandener Streifen unbefestigte Gehbahn neben dem Zaun einherlief, so richtig für alle Möglichkeiten kindlicher Spiele geschaffen. Weil Lattenzäune die köstliche Eigenschaft besitzen,

daß die einzelnen Holzstangen ab und zu vom Zahn der Zeit angeknabbert werden, klafften an irgendeiner Stelle regelmäßig Lücken, durch die man sich als Bub hindurchzwängen konnte, alle Herrlichkeiten der Eisenbahn zu schauen. jene Lücken wurden übrigens auch von den Eisenbahnern fleißig benutzt, eine Gelegenheit, den Weg nach Hause abzukürzen.

Doch wenn ich von Bahnanlagen spreche, so sind damit nicht irgendein paar Gleise schlechthin gemeint, nein, es wird Zeit, einige Worte über meine Heimatstadt Halle zu verlieren, die in vielem einen besonderen Einfluß auf mich ausgeübt hat. Es pflegt wohl so der natürliche Lauf der Dinge zu sein.

Mit der Bezeichnung Bahnanlagen wird das, was die Preußische Staatsbahn dort zu bieten hatte, höchst unvollkommen ausgedrückt. Halle ist eine Stadt der Gegensätze. Reiches kulturelles Leben, die Universität, vorzügliche Theater, wertvolle Museen, das Saaletal mit seinen vielen landschaftlichen Reizen und den beiden mittelalterlichen Burgen Moritzburg und Giebichenstein im Stadtgebiet – das alles steht in geradezu krassem Gegensatz zu einer wild gewachsenen Industrie, Maschinenfabriken, Braunkohlengruben, öden Mietskasernenstraßen mit zwei und drei Hinterhäusern ohne Licht und Sonne und einer dementsprechenden gemischten Bevölkerung. Der ganze Osten der Stadt wird von den Bahnanlagen eingenommen, über denen früher ständig eine Qualmwolke schwebte, die schon von weitem zu sehen war. Die Eisenbahnverhältnisse dieser Stadt lassen sich am treffendsten in ähnlicher Weise kennzeichnen, wie Fritz Reuter die Seestadt Rostock charakterisiert hat – er wird mir die kleine geistige Anleihe nicht krumm nehmen, der Fritz Reuter.

Was in alter Zeit Tyrus und Sidon war für die Welt wegen des Handels, was fürdem Athen war wegen Kunst und Wissenschaft, das ist heutigentages Halle für den Eisenbahnfreund, und Diemitz ist sein Piräus, und das Birkhahngelände müßte eigentlich Sunium getauft werden, und dort, wo die Berliner Brücke entlangführt, sollte die Akropolis stehen, und in der Volkmannstraße müßten alle Eisenbahnfreunde eine Kongreßhalle haben, von wo aus sie nach Herzenslust den Bahnbetrieb betrachten können.

Damit dürfte alles gesagt sein, was sich dort einst getan hat und in bescheidenerem Maßstab auch heute noch abspielt. Die Bahnanlagen haben eine Länge von 3 Kilometern und eine Breite von 500 Metern. Doch damit nicht genug. Die Bahnverwaltung hat auch den Eisenbahnfreunden Gelegenheit gegeben, das alles in Muße zu begucken, indem sie eine 275 m lange, mächtige eiserne Hängebrücke darüber hinweggebaut hat, die Berliner Brücke, früher Hindenburgbrücke geheißen, auf der es sich stundenlang stehen läßt, und auf welcher man sich so herrlich den Duft der großen weiten Welt unter die Nase wehen lassen kann. Es wird nicht nötig sein zu erwähnen, daß diese Brücke der Ort war, wo ich – fast möchte ich es behaupten – ganze Tage meines Lebens vertrödelt habe.

Halle besitzt zwei Bahnbetriebswerke, das Bw P mit drei Lokschuppen und das Bw G mit zwei Lokschuppen. An die 200 Lokomotiven waren regelmäßig dort stationiert. Vor unserem Hause stand das Ausfahrtssignal des Bw P zum Bahnhof, das, da es meist geschlossen war, mir Gelegenheit bot, alle zum Zuge fahrenden Maschinen noch einmal gründlich zu begutachten. Unter diesen geradezu idealen Umständen wird es niemanden mehr wundern, wenn ich vom Fenster nicht wegzubringen war oder jede freie Minute mich »an der Bahn«, wie es der Kürze halber hieß, herumtrieb.

Meine lieben Eltern mögen manchmal dem Problem dieser sich anbahnenden Narretei ratlos gegenübergestanden haben. Dann hieß es wohl:

»Hast du noch keine Eisenbahn gesehen?« wenn ich beim ersten Auspuffstoß einer Lokomotive zum Fenster raste. Oder:

»Du wirst noch zu lauter Lokomotive. Was soll aus dir nur werden?« Seht, liebe Eltern, ihr habt recht gehabt, ich bin zu lauter Lokomotive geworden. Und das Schöne ist – ich bin's zufrieden.

Wo ich stand und ging, spielte ich als Bub Eisenbahn. In der Wohnung dampfte und zischte es den ganzen Tag, hatte ich einen Weg zu besorgen, so rannte ich die Bordkante entlang, die Arme als Treibstangen hin und her schwingend. Dabei wurde fleißig sch–sch–sch gepustet, aber nun beileibe nicht einfach so dahergezischt, bewahre, es wurde ordnungsgemäß angefahren, dabei gewaltig geschnauft, dann kreisten die Arme immer schneller, um schließlich in rasendem Lauf den Berg hinunterzufegen, oftmals ganz unvorschriftsmäßig auf dem Bauche landend, wenn die kleinen Beine das Tempo des Schnellzuges nicht durchhielten.

So wird man ein Eisenbahnnarr, langsam, aber sicher.

Als ich größer geworden war und allmählich die mannigfaltigen Erscheinungsformen des Eisenbahnwesens unterscheiden lernte, entwickelte ich eine vielseitige und anstrengende Tätigkeit, das ganz besonders nach Erhalt eines eigenen Fahrrades. Eine Motorisierung solcher Art führte zu regulären Kontrollfahrten. Da galt es, die beiden Bahnbetriebswerke laufend zu überwachen. Veränderungen im Lokomotivbestand zu überprüfen. Da mußte von der Brücke aus der Verschiebedienst und das Abfertigen der Güterzüge beobachtet werden. Der Abstellbahnhof am Birkhahn, der in den zwanziger Jahren entstand, weil alles übrige aus den Nähten platzte, erforderte häufige Besichtigung. In den zwanziger Jahren wurden überhaupt mancherlei Erweiterungen getroffen, die begutachtet werden wollten. Ich bekam alle Hände voll zu tun, so viel, daß ab und zu die Schularbeiten darunter litten und – zum Troste aller schlechten Schüler sei's verraten – sich auch einmal, wenn ich's gar zu arg trieb, ein Fünfer ins Französische oder Lateinische einschlich, für den meine Eltern allerdings nicht das richtige Verständnis aufbrachten. Aber wen wird es wundern bei solch ausgefülltem Tagewerk, daß für die Schule einfach keine Zeit übrigblieb?

Das Schönste waren jedoch die Lokomotiven.

Ich erwähnte bereits, daß sie, sobald sie aus dem Schuppen gerollt kamen, sich am Signal vor unserer Wohnung mir erst vorstellen mußten. Da aber in Halle ein Großteil aller Personenzüge eingesetzt wird, viele Eil- und D-Züge die Maschinen wechseln, lief der Betrieb pausenlos. Denn jeder Lokwechsel bedingte zwei Fahrten, die in den Bahnhof fahrende neue Lokomotive und die vom Zuge kommende alte. Unter uns Bengeln, die dort am Lattenzaun ihre Spiele trieben, bürgerte sich die Kurzform »Loksche« für Lokomotive ein. Vielleicht hat die mittel- und niederdeutsche weibliche Namensendung, die der Silbe »Lok« angehängt wurde, diese Kurzform entstehen lassen. Wir sprachen von Lokschen im allgemeinen und Lokschen im besonderen. Alle Buben, die im Viertel an der Bahn wohnten, interessierten sich weit mehr als heute dafür. Wir spielten, wo wir standen und gingen, Eisenbahn. Mit kleinen Hölzchen wurden Schienen in den Sandstreifen am Zaune gemalt, es wurde darin herumrangiert und natürlich nach Herzenslust gepufft und gedampft. Ich brachte es darin bald zu erstaunlichen Leistungen.

An meinen ersten Besuch auf dem Führerstand der Loksche denke ich noch gern zurück. Ein wahres Dorado für Buben war die Gegend hinten am alten Kanenaer Weg, dort, wo die Rückfront des Ausbesserungswerkes liegt. Dazumal wurde dort hinten die Umgehungsgleisgruppe erweitert. Hinter dem Ausbesserungswerk stand so mancherlei herum, was ein rechtes Bubenherz in Entzückung versetzte. So hatten wir auch einmal eine alte, wahrscheinlich zur Verschrottung abgestellte Tenderlok gefunden. Es muß eine T 1 oder T 2 gewesen sein, jedenfalls ein alter Veteran, er besaß noch den Umsteuerungshebel anstelle des Handrades. Hier durfte ich das erste Mal in meinem Leben den Regler hin und her bewegen, die Hähne auf- und zudrehen, soweit sie nicht eingerostet waren. Kurzum, ich befand mich am Ziel aller Träume. Wie es aber bei Buben geht – wir waren ihrer drei – sie werden bald übermütig, So artete unsere Besichtigung allmählich in einen großen Lärm aus, indem wir mit einem Eisenstück an die Wasserkästen bumsten, daß es dröhnte. Ein Eisenbahner jagte uns in die Flucht, sehr zu meinem Leidwesen, denn nun war mein Interesse erst recht geweckt. Später habe ich mich noch einmal zur alten Loksche geschlichen und sie andächtig bewundert. Erstmalig durfte ich die Hand auf das kalte, verrostete Eisen legen. Heute, als alter Kerl, gerate ich zwar nicht mehr in Verzückung. Aber ein wenig ergreift es mich immer noch – es gibt halt Menschen, die bleiben ihr Lebtag Kinder, zumal wenn sie schon von klein auf rechte Narren sind.

Halle hat neben zahlreichen sehenswerten Zeugen einer tausendjährigen Geschichte auch ein vielgestaltiges kulturelles Leben aufzuweisen, an dem ich später – dank einer musischen Begabung – regen Anteil nahm. Doch nicht davon soll die Rede sein, vielmehr von den literarischen Fundgruben, die es in meiner Heimatstadt zu besichtigen gab, und die ich später lebhaft benutzte. Da bestand eine gute Stadtbücherei, dazu die Universitätsbibliothek mit einer Million Büchern und – für mich die Hauptsache – die Bücherei der Reichsbahndirektion. Hier lagen ausgesprochene Schätze ausgebreitet. Ich habe alles, was ich erreichen konnte, förmlich verschlungen, besonders die technischen Werke, zumal als ich in den höheren Schulklassen an gründlicheres Arbeiten gewöhnt war. Durch hartnäckiges Studium eignete ich mir damals schon vieles an, was zum Beruf des Ingenieurs gehört. Das ging so weit, daß ich mit sechzehn, siebzehn Jahren selbst neue Lokomotiven entwarf. Mein Zimmerchen wurde zum Konstruktionsbüro, in welchem die tollsten Entwürfe entstanden. Dabei handelte es sich beileibe nicht etwa um kindliche Spielereien. Bewahre, alle Entwürfe wurden höchst gewissenhaft mit Zirkel, Lineal und Dreieck gezeichnet. Leider verursachte der Bedarf an Zeichenpapier Schwierigkeiten, den ich durch Zusammenkleben kleinerer Bögen deckte. Als mir ein dicker Wälzer über Eisenbahnbau in die Hände geriet, ging ich daran, eine ganze Eisenbahn zu bauen samt Trassierung auf selbst entworfener Karte 1 : 25 000, Bahnhofsplänen, Gleisskizzen. Die dazugehörigen Lokomotiven wurden gezeichnet und numeriert. Ein Bildfahrplan ermöglichte echten Betrieb, und schließlich malte ich im Schweiße meines Angesichts fein säuberlich sogar die dazugehörige Kursbuchseite mit allen Fahrzeiten auf.

In meinem Leben habe ich nie mehr so schuften müssen wie damals im eigenen Konstruktionsbüro! Monatelang saß ich über Entwürfen zu 2 B 1 - Lokomotiven, für deren Wiedererweckung ich mich berufen glaubte. Heute erkenne ich, daß alles gar nicht einmal so dumm war, was ich damals produzierte.

Doch, ich will keine Memoiren schreiben, und den Leser wird es vermutlich nicht interessieren, womit ich meine Jugendtage verbracht habe. Es war Narretei in höchster Vollendung, die so weit ging, daß ich sogar einige meiner Freunde in der Schule damit strapazierte. Die Schulkameraden waren bereits abgerichtet, alle erreichbaren Zeitungsausschnitte über die Eisenbahn mitzubringen. Und meinen Freund Wolfgang Schütz bewundere ich noch heute, wie geduldig er sich meine Fachvorträge über die Dampflokomotive angehört hat.

In jenen Jahren entstand auch meine erste Bildersammlung, zunächst in primitiver Aufmachung durch Einkleben von Zeitungsausschnitten in Schulhefte. An die Stelle der Hefte traten später Ordner. Leider überstanden die Bilder nicht immer den häufigen Systemwechsel – abweichen und wiederaufkleben –, so daß von jener ersten Sammlung so gut wie nichts mehr erhalten geblieben ist. Später entdeckte ich die Lichtbildsammlung des Verkehrszentralamtes der TH Darmstadt und fotografierte auch selbst, so daß die Sache allmählich Hand und Fuß bekam.

Die Theorie wurde durch die genannte praktische Anschauung aufs trefflichste ergänzt. Meine Kontrollfahrten habe ich bereits erwähnt. Allerdings bin ich nicht so draufgängerisch veranlagt, daß ich mich sofort bei den Eisenbahnern angebiedert hätte. Nein, es blieb bei Besuchen auf den Bahnsteigen, das Betreten des Bw hielt ich für aussichtslos. Zum Bw Halle P gelangt man von der Berliner Straße aus, unmittelbar hinter der Steintorbrücke. Das Paradies wurde jedoch durch eine Bude abgesichert, in welcher der Erzengel Gabriel mit einem frisch geschliffenen Schwert hockte, bereit, jedem ungebetenen Besucher, der es wagte, die geheiligten Gebäude zu betreten, eines auf den Deckel zu geben. Im neugeschaffenen Bw G sah es noch schlimmer aus. Dort mußte man erst durch einen Torbogen des Verwaltungsgebäudes Spießruten laufen. Es hat lange gedauert, bis ich gelernt hatte, diese Hürden zu umgehen, die durch strenge Verbote und Vorschriften damals viel schwieriger als heute zu nehmen waren. Wehe, wenn ein »Unbefugter« sich auf verbotenem Gelände ertappen ließ. Der Weg durch morsche Latten des Staketenzaunes hindurch erschien mir sicherer und einfacher. So kam es erst allmählich zum Kontakt mit den Schuppenmännern und Maschinisten. Ich brauchte Jahre, um die nötige Dreistigkeit zu entwickeln, frech und unverschämt neben den Gleisen des Verschiebebahnhofes nach Schuppen 5 zu marschieren, dem früher interessantesten, denn dort standen nicht nur Dampf- sondern auch Elloks. Leider ist der Dampfteil mit Elektrifizierung der Magdeburger Strecke im Jahre 1934 aufgehoben worden, so daß dort nur noch elektrische Maschinen und Dieseltriebwagen standen. Damals wurde auch die südliche Drehscheibe ausgebaut. In Schuppen 5, einem verschachtelten Rechteckbauwerk, konnte man sich leichter unsichtbar machen als in den Ringhallen 1 bis 4. An den Schuppen 2 und 3 führte die Berliner Brücke vorüber. Ohne große Kunstkniffe ließ sich der Betrieb vom sicheren Brückengeländer aus beobachten. Noch heute kenne ich kein Bauwerk, das in ähnlich umfassender Weise einen Überblick über das Bahnwesen geboten hätte. Ich bin fast täglich dort gewesen und bekenne noch heute in der Erinnerung: Es waren die schönsten Stunden meines Lebens.

Die Erwähnung der hallischen Bahnverhältnisse wäre unvollständig, ohne einen Blick auf die Hafenbahn zu werfen. Vom alten Thüringer Güterbahnhof lief eine Verbindungsstrecke – durch die private Halle-Hettstedter-Eisenbahn betrieben – zum Saalehafen und den Industriebetrieben im Westen der Stadt. Zweimal täglich pustete hier der Güterzug die starke Steigung aus der Saaleniederung herauf, kräftig nachgeschoben, damit er es schaffte. An den vielen unbeschrankten Bahnübergängen wurde tüchtig gepfiffen und gebimmelt, zweimal mußten auch die Straßenbahngleise gekreuzt werden, und besonders in der Merseburger Straße spielte sich die Passage sehr feierlich ab. Zwei Eisenbahner mit roten Warnflaggen wedelten so lange, bis Fußgänger, Pferdewagen, Autos und Straßenbahnen alle stillstanden, währenddessen 's Züglein geduldig wartete. War die Strecke endlich frei, dann pustete mit Donnergetöse, das von den umliegenden Häusern schaurig reflektiert wurde, der Zug über die breite Straße, wobei die Schiebelok für doppelten Genuß sorgte. Übrigens haben alle Verkehrsteilnehmer wiederholt versucht, gegen die Hafenbahn anzurennen, selbst die Straßenbahn hat es probiert. Es gehörte zum hallischen Lokalkolorit, daß es an der Hafenbahn immer einmal krachte. Aber die Hafenbahn ist einwandfrei Sieger geblieben und hat sich die Schienen freigekämpft.

In den späteren Jahren stellte sich noch eine künstlerische Begabung bei mir ein, die zusätzlich Rechte forderte. Sie hat jedoch nie vermocht, die Eisenbahnnarretei zu überflügeln. So trägt auch das Reifezeugnis des Gymnasiums dieser Duplizität Rechnung, indem es in der allgemeinen Beurteilung die Begabung und das Interesse an der Kunst hervorhebt, zum Schluß jedoch den lapidaren Satz enthält, der das Zeugnis und damit mein Leben ein wenig zur Groteske werden läßt: Er will Reichsbahnbeamter werden.

Wen wundert es, daß aus solchem Antagonismus ein Narr hervorgegangen ist?

Pommerland

»*E*insteigen!«

Mit der Miene eines Löwenbändigers in einer Raubtiermenagerie marschiert der Aufsichtsbeamte den Zug entlang, während ein dienstbeflissener Schaffner widerspenstige Türen zuknallt und darauf achtet, daß die Griffe alle waagerecht stehen. Der Zugführer steht bereits am Packwagen, einen Fuß auf dem Trittbrett. »Fertig«-Rufe gellen über den Bahnsteig, Blicke schweifen wild nach vorn und hinten, endlich ertönt das erlösende Wort »Abfahren«, der entspannende Pfiff und der Wink mit dem Befehlsstab, deutlicher »Kelle« genannt, der dem Zug den Weg in das weite Land hinein freigibt.

Langsam setzen wir uns in Bewegung, argwöhnisch verfolgt vom obrigkeitlichen Blick des Aufsichtsbeamten. Der Bahnsteig entschwindet, wir rumpeln über Weichen, Kreuzungen, die Zugschlange quietscht lärmend in eine Kurve hinein, in die große Kurve, die unmittelbar von den Bahnsteigen des Stettiner Hauptbahnhofes aus zur großen Oderbrücke hinaufführt. An der Spitze schnauft, prustet und zischt unser Dampfroß und kann sich nicht genug tun vor Wichtigkeit. Die Wagen klappern und wackeln, und ab und zu gibt es auch einmal einen Stoß, wenn ein

Räderpaar vorwitzig in einer Weiche vom Pfad der Tugend abweichen will.

Dann versperrt uns das Gitterwerk der Oderbrücke die Aussicht, blechern dröhnt es unter uns auf. In wüstem Lärm hallt Eisen wider Eisen hoch über dem Fluß dahin. Auf der rechten Seite fesselt uns ein wundervoller Blick über die sich den Fluß entlangziehende Stadt. Die Brücke über die Parnitz unterbricht abermals das Bild, dann sind wir wieder auf festem Land, das Tempo unserer Fahrt nimmt zu, wir rollen am Hauptgüterbahnhof vorbei. Auf- und abschwellend wirft das Echo das Fahrgeräusch unseres Zuges von einer langen Reihe Güterwagen zurück, während unser stählernes Zugtier kräftig loszuhasten beginnt.

»Rumpumpel – rumpumpel – rumpumpel – rumpumpel –« schlagen die Räder gegen die Schienenstöße, wundervoll gleichmäßige und beruhigend wirkende Begleitmusik unserer Fahrt. Im Takte nickt der Wagen ein wenig dazu, so, als gefiele ihm jener wiegende Rhythmus des Forteilens ausnehmend wohl.

»Rumpumpel – rumpumpel – rumpumpel – rumpumpel – –«. Ich sitzte im Nachmittagspersonenzug von Stettin nach Kolberg im Pommerland. Die Reise führt an das heilsame Seegestade. Treptow an der Rega heißt das Reiseziel, von dort soll mich eine winzige Kleinbahn nach dem Seebad Horst bringen. Der Arzt hat Luftveränderung verordnet, Seeluft tät dem Körper gut, und der Junge ist schon beträchtlich herangewachsen, der da im Juli 1929 im Personenzuge nach Kolberg hockt.

Es ist einer jener beglückenden Züge, wie wir sie heute nur noch im Traume erleben und mehr und mehr aus der Erinnerung schwinden sehen, verblassend als ein kaum mehr Wirkliches, als etwas, was so weit schon zurückliegt und deshalb den Charakter der Mär angenommen hat. Preußische dreiachsige Abteilwagen der Normalbauart sind mit ehemaligen 4. Klasse-Wagen gekuppelt. Die 4. Wagenklasse war im Sommer des Jahres 1928 abgeschafft worden, die Wagen indes hatten nur das Nummernschild gewechselt und blieben, was sie waren, einfache Kajüten mit je einer Bank an den Querseiten, massenweise Stehplätze für jene soziale Schicht anbietend, für welche die 4. Wagenklasse einstmals geschaffen worden war: Arbeiter, Bauern und Soldaten. In späteren Jahren blieben diese großräumigen Wagenhälften den Reisenden mit Traglasten vorbehalten.

Am Schlusse der Wagenkolonne klappern noch zwei Veteranen einher, die zweifellos schon bei der alten hinterpommerschen Eisenbahn bessere Tage gesehen haben. Hochbetagt erfüllen sie aber immer noch ihren Zweck, wenn sie sich auch mit den altmodischen hohen Oberlichtern recht fremdartig ausnehmen.

Doch da ist der erste Haltepunkt schon erreicht.

»Finkenwalde! – – Finkenwalde!« ruft draußen der Zugführer mit einer Stimme, als gelte es, die Besatzung eines versinkenden Schiffes aus dem Schlafe zu reißen. Vom hinteren Zugende klingt das Echo aus dem Munde seines Trabanten, des Zugschaffners. Einige Fahrgäste steigen zu. Dann schrecke ich wieder zusammen ob des traditionellen Türenzudonnerns. Eisenbahnwagentüren sind eigens zum Zwecke des Zuknallens gebaut worden und besitzen von Haus aus die nötige Robustheit, eine derartig rabiate Behandlung lebenslang gleichmütig hinzunehmen.

»Abfahren!« gellt es wieder auf, gefolgt vom üblichen Pfiff.

»Schaff – schaff – schaff – schaff – schaffeschaffe – schaffeschaffe – –« jubelt die Lokomotive auf, weiße Dampfwolken quellen aus ihrem dünnen Schlot. Der Star der Truppe müht sich, die Räderfuhre in Bewegung zu setzen, um dann, wenn es gelungen ist, munter loszubellen und zu zerren.

Star der Truppe?

Sie ist es wahrhaftig. Im Stettiner Hauptbahnhof habe ich sie bereits mit freudigem Erstaunen begrüßt. Sie hat zwar ein wenig verschämt zur Seite geblickt, als ich zu ihr getreten war, wie ein schamhaftes bäuerisches Mädchen, das ob des Mangels körperlicher Vorzüge das Auge zu Boden senkt. Aber nun, auf der freien Strecke, da streckt sie ihre Glieder, jubelt ihr Auspuffschlag in den milden Nachmittag hinein, so, als wäre sie von einem drückenden Zwang befreit, als könne sie hier in dieser allmählich beginnenden Einsamkeit sich endlich nach Herzenslust entfalten. Alle Vergleiche mit einem häßlichen Entlein fallen weit, weit, wie nie gekannt, von ihr ab.

In Altdamm wird wieder gehalten. Bis hierher sind wir der Hauptbahn nach Stolp – Danzig gefolgt, nun schwenken wir in großer Linkskurve ab ins stille, heimliche Pommerland hinein. Ein wenig kurios ist die Strecke freilich noch, und sie genießt sogar eine Außenseiterstellung. Bis Gollnow fahren wir jetzt auf einer der wenigen »zweigleisigen« Nebenbahnen Deutschlands. Dort biegt unsere Strecke – nunmehr eingleisig – nach Nordosten ab, wiederum mit dem Vorzug des Absonderlichen behaftet. Auf dieser eingleisigen Nebenbahn verkehrt des Sommers über ein D-Zugpaar, der Bäderschnellzug Berlin – Stettin – Kolberg! Und die Schnellzuglokomotive muß auch richtiggehend bimmeln am unbeschrankten Bahnübergang, genau wie eine zünftige Neben-

bahnmaschine. Um wie vieles ärmer ist doch heute das Eisenbahnwesen geworden.

Lustig schnauft und dampft unser Zug die lange Gerade dahin
durch die stille, friedliche Burger Heide, über der ein lindes
Sommernachmittagslüftchen weht. Ich bin von einer tiefen, er-
wartungsvollen Freude erfüllt ob alles dessen, was mich erwartet.

Die seltsame Lokomotive vor unserem Zuge trägt nicht wenig zu dieser Hochstimmung bei. Es ist die Maschine Nummer 37 036, eine 1 C-Lokomotive der alten preußischen Gattung P 6, berühmt als eine der ersten Heißdampflokomotiven und berüchtigt ob ihres unharmonischen Aufbaues. Ein klein wenig Wehmut umfängt mich, wenn ich diese Erinnerung niederschreibe, Wehmut über etwas Verlorenes und Unwiederbringliches. Man muß schon einmal das Pommerland besucht haben, um den ganzen Zauber dieses Fleckchens Erde und des großen pommerschen Himmels nachempfinden zu können. Man muß einmal vor dem Führerhaus der 37 036 gestanden haben und die Worte »RBD Stettin« und schräg darunter als Kennzeichen der Heimatstation das kleine Schildchen »Naugard« gelesen haben, um ermessen zu können, daß hier die Erinnerung mit einiger Bitternis verbunden ist, Trauer über so leichtsinnig verspielte Heimat, zumal aus dem Halbstarken von damals inzwischen ein ausgewachsener alter Narr geworden ist. Unsere polnischen Eisenbahnfreunde werden diese Worte gewiß nicht »revanchistisch« oder »chauvinistisch« auslegen, wie es so oft in unserer von der Torheit erschütterten Welt geschieht. Gott sei Dank, daß wenigstens Eisenbahnfreunde international denken. Wenn es nach ihnen ginge, wären die Ländergrenzen schon längst als Unfug abgetan worden.

»Rumpumpel – rumpumpel – rumpumpel – rumpumpel —« dröhnt und hämmert der Abteilwagen, in welchem ich sitze, seinen gemütlichen Rhythmus. Der Himmel ist bewölkt, der Sonnenschein auf den kommenden Tag verschoben worden, dafür schlägt das Herz höher voll froher Erwartung.

Gollnow ist erreicht. Wir schwenken vorschriftsmäßig in unser Nebenbahngleis ein, die stille, versponnene und doch so deftige pommersche Landschaft zu durcheilen. Ich beginne einen alten Kinderreim zu summen, den wir oft genug als kleine Buben lauthals in den Tag hineingeschmettert haben:

Maikäfer flieg, dein Vater ist im Krieg,
deine Mutter ist im Pommerland,

Pommerland ist abgebrannt.

Maikäfer flieg - -.

Vorläufig, im Jahre 1929 ist noch nicht im entferntesten zu ahnen, daß jener kindliche Reim fünfzehn Jahre später bittere Wahrheit werden sollte.

Unsere Lokomotive 37 036 erweist sich als recht musikalisch. Sie pfeift und schluckt, ächzt und brummelt, quietscht und lärmt.

Manchmal bockt sie auch unwillig, dann wackelt der ganze Zug im Takte der Kolbenbewegungen der Dampfmaschine.

Pft-pft-pft-pft-pft-pft-pft - bläst aus den Zylindern eine lustige Weise.

Nun hat der schönste Teil der Fahrt begonnen. Ich sitze allein im Abteil, flegele mich zurück, die Beine von mir gestreckt. Die Holzbank ist zwar auf die Dauer recht hart, aber man kennt es nicht anders. Neben dem Türfenster geben zwei schmale Scheiben dem Abteil freundliche Helle. Ab und zu huschen weiße Dampfschleier draußen am Fenster vorüber, als wollten sie den Eindruck des Fahrens noch unterstreichen. Aus dem Nachbarabteil fliegen von Zeit zu Zeit einige Sprachfetzen herüber, zusammenhanglose Brocken, Bruchstücke von Gedanken, sinnlos erscheinende Aneinanderreihung von Silben, gesprochen in jener kräftigen, norddeutschen Mundart, die der Deftigkeit und Erdenschwere des Landes entspricht.

»Letzten Dienstag... Tierarzt... den Hans beschlagen... der strenge Winter... drei Schweine... Dünger kaufen... Schnitzelmaschine... das Korn ist... Heu wenden...«

Ein Dialog, der für sich selbst spricht.

Die Bremsklötze schlagen an, der Zuckeltrab unseres Rößleins verlangsamt sich, eine Bahnschranke gleitet draußen vorbei, quietschend rollen wir an einen kleinen Bahnsteig. Ich lasse das Fenster herunterknallen, beuge mich hinaus. Der Zugführer klettert eben aus dem Packwagen.

»Schönhagen! - - - Schönhagen!« - brüllt er mit Stentorstimme. Dann stapft er den Zug entlang, auf Ordnung sehend und Türen zuschlagend, bleibt schließlich stehen, den Blick auf die Bahnhofsuhr gerichtet. Eine vierschrötige Erscheinung, seine Beine gleichen Säulen oder den Buchenstämmen des pommerschen Landes, der Kopf wie ein Block, aus Holz gemeißelt. Seht, welch ein Mensch! möchte man ausrufen. So müssen die pommerschen Grenadiere ausgesehen haben, die einstens des Alten Fritzen Sie-

ge erfechten haben, die bei Kunersdorf, fern ihrer Heimat, bis zum
letzten Mann ihr Leben dem Könige opferten.

Ein Bäuerlein ist eingestiegen, die Tür knallt zu. Der Mann mit der
roten Schärpe greift zur Pfeife - -.

»Schaff - - schaff - - schaff - schaff -« bläst es von vorn weiße
Dampfwolken gen Himmel. Die Räder beginnen wieder ihren
gleichförmigen Rhythmus.

Der Zugführer ist in mein Abteil gekommen. Fahrkartenkontrol-
le! Ich kann ihn jetzt genau betrachten, während er gewissenhaft
das Kärtchen prüft, das schmale Kärtchen, das in seinen großen
Pratzen verschwindet.

Aber es ist ein gutmütiges Gesicht, das da seines Amtes waltet. Nur
die Hälfte besteht aus preußischem Grenadier, aus der anderen

lacht ein lieber Opa heraus, der sich gleich neben mich hocken wird, Geschichten erzählen. Mit freundlichem Nicken verschwindet er im Nachbarabteil.

Wiesen, Viehkoppeln, auf denen dicke fette Kühe wiederkäuend liegen, fliegen draußen vorbei. Dann verschwindet der Zug in einem Kiefernwäldchen, das sich längs der Bahnlinie hinzieht. Dazwischen hohe Buchenstämme, einen lichten Hain bildend. Wie behäbig sieht das alles aus.

Im nächsten Haltepunkt, dem kleinen Dörfchen Wismar, ist es leider mit meiner Ruhe vorbei. Die Tür wird aufgerissen, ein dicker Mann mit krebsrotem Gesicht schnauft die Stiege herauf, dreht sich um, zieht ächzend ein altes Mütterchen empor, das wiederum von einer dritten Person, offenbar der Frau des Dicken, nachgeschoben wird. Aufgeregt, laut und schnell atmend, stehen alle drei im Abteil. Der Mann läßt sich auf die Bank plumpsen, drückt das alte Weiblein neben sich, während seine Frau hin und her zappelt. »Karl, Karl, mach doch die Tür zu, der Zug fährt gleich ab. Ach, Gott sei Dank, daß wir nur drin sind!«

Der Dicke, der auf den Namen Karl hört, erhebt sich und angelt die Tür heran. Hilflos wie von allen guten Geistern verlassen, hockt die alte Mutter derweil auf der Bank. »Du liebe Zeit, du liebe Zeit«, murmelt sie vor sich hin. Nachdem der Dicke wieder Platz genommen hat, läßt sich auch seine Frau endlich nieder. Mit schwachem Ruck, von einem kleinen Schrei der alten Frau begleitet, fährt der Zug an.

»Was ist denn, Mutter? Sitz nur ganz ruhig, brauchst gar keine Angst zu haben.« Die alte Frau klammert beide Hände vorn an das Bankende, als befinde sie sich auf einem Ozeandampfer bei Windstärke zehn. »Du liebe Zeit, du liebe Zeit, so alt bin ich geworden, und nun muß ich noch auf der Eisenbahn fahren«, lispeln ihre Lippen.

Derweil saust die Frau des Dicken wie von der Tarantel gestochen in die Höhe und schreit, daß das Mütterchen erschreckt zusammenfährt: »Karl, hast du auch deinen Schirm?«

»Ja, freilich hab' ich meinen Schirm, jetzt bleib doch nur einmal sitzen und sei still und zufrieden, daß wir im Zuge sind.« Der Mann schnauft und brummelt und fühlt sich offensichtlich nicht recht wohl. Es ist ein starker Mann, die Füße stecken in hohen Krempelstiefeln, den Oberkörper bedeckt ein langer Kaftan, der vorn offen ist und den Blick auf die silbern glänzenden Knöpfe seiner Samtweste freigibt. Das kann nur ein Bauer sein, folgere ich scharfsinnig beobachtend. Die Bäuerin trägt einen bunt geblümten Rock, eine Schürze darüber und um die Schultern sorgfältig ein Umschlagtuch gelegt. Sie zappelt vor Aufregung unaufhörlich hin und her.

»Sitzt du auch gut, Mutter?« fragt sie die Alte, die völlig ergeben in ihr Schicksal dahockt.

»Ja, ja, ja, ich sitze gut. Ach, wären wir nur schon wieder draußen!« Schneller und schneller rumpelt der Zug jetzt los. Ich weiß nicht recht, ob ich mich ärgern oder lachen soll ob meiner merkwürdigen Reisebegleitung. Die Frau fängt schon wieder an.

»Du, Karl, sag, ist das auch der richtige Zug? Hast du den Schaffner gefragt?«

»Was?« fährt er erschrocken zusammen, »der richtige? Du hast mich angeschrien, daß wir in diesen hier einsteigen müssen! Wie kann ich wissen, ob das der richtige ist?«

»Ach du lieber Gott, jetzt hat sich der Mann gar nicht erkundigt. Mutter, was sagst du denn dazu?« Die Frau ist todunglücklich und rutscht hin und her. Ihr Blick fällt auf mich.

»Ach, junger Herr, ist das wohl der richtige Zug nach Batzwitz?« Alle sechs Augen sind angstvoll auf mich gerichtet.

»Ob der Zug nach Batzwitz fährt, weiß ich nicht, auf alle Fälle heißt die nächste Station Naugard, dann folgen Greifenberg und Treptow an der Rega.«

»Na, Gott sei Dank«, fährt sie erleichtert auf und lehnt sich aufatmend zurück. »Hast du's gehört, Karl? Nach Greifenberg hat er gesagt, der junge Herr, dann sind wir doch im richtigen Zuge. Was ist das für eine Aufregung mit dem Reisen.«

Nun schweigen sie alle drei. Gleichmäßig holpert unser Zug dahin. Die Frau scheint sich allmählich zu beruhigen. Sie sitzt neben mir und mustert mich mütterlich.

»Wir wollen nämlich nach Batzwitz, junger Herr, zum Paul, was unser Sohn ist. Waren Sie schon mal in Batzwitz?«

»Nein, ich war noch nicht in Batzwitz.«

»Ich war auch erst zweimal da, mein Mann aber schon dreimal. Wir kommen so selten dazu, mit der Eisenbahn zu fahren. Unsre Mutter« – sie deutet geheimnisvoll auf das alte Weiblein – »fährt heute sogar das erste Mal in ihrem Leben mit der Eisenbahn!«

»Oh«, mache ich teilnahmsvoll und denke bei mir, gibt's denn so etwas noch? Im Jahre 1929 noch nie mit der Eisenbahn gefahren?

»Ja«, hebt jetzt die alte Mutter mit ihrer brüchigen Stimme an, »ja, ich fahr' heut 's erste Mal mit der Eisenbahn. Die Kinder« – sie weist auf den Dicken und seine Frau – »haben mir keine Ruh gelassen. 's wird uns doch auch nichts passieren?«

Ich beruhige die Frau und lächele ein wenig. Ich muß heute noch herzlich lachen, wenn ich mir die Situation ins Gedächtnis zurückrufe. Wer kann sich heute vorstellen, daß es Leute gibt, die noch nie mit der Eisenbahn gefahren sind? Damals galt das in keiner Weise in diesen einsamen Landgegenden als Seltenheit. Man blieb in seinem Dorfe, und wer anderswo keine Verwandten besaß, für den gab es auch keinen Grund, mit der Eisenbahn zu fahren.

Der Mann ist, nachdem der Zug bereits eine Weile rollt, gefaßter geworden. Ihm merkt man an, daß er nicht das erste Mal im Zuge sitzt. Er ist schließlich gedienter Soldat und Weltkriegsveteran. »Jetzt sitz endlich einmal ruhig«, fährt er seine Ehehälfte an, »was soll denn der junge Herr von uns denken. 's passiert doch nix! Schau lieber zum Fenster 'raus. Guck da drüben dem alten Ferchland seine Scheune an, wie der's ganze Dach hat frisch decken lassen.«

Seine Worte wirken beruhigend und lenken ab. Auch das alte Weiblein schaut sich allmählich interessiert im Abteil um, zumal sie spürt, daß nichts Böses geschieht, der Zug vielmehr gleichmäßig dahinrattert. »Karl, ich hab' mir's Fahren mit der Eisenbahn bald ein wenig schlimmer vorgestellt, als 's ist.«

Der Mann lacht jetzt behäbig. »Nicht wahr? Am Ende willst du noch sitzenbleiben, wenn der Zug in Batzwitz hält.«

Nun kommen Häuser in Sicht. Zur Linken blinkt ein See unter Bäumen hervor. Naugard ist erreicht. Scharf passe ich auf, um das Bw nicht zu verpassen. Leider huscht es gerade rechts vorbei, als ich es links suche. So pflegt es meistens zu gehen. Nur eine 64er kann ich noch dampfen sehen, dann sind wir schon vorüber.

In Naugard haben wir Aufenthalt. Der Gegenzug muß abgewartet werden. Ich benutze die Gelegenheit, mir die Beine ein wenig zu vertreten und meinen Mitreisenden zu entfliehen. Außerdem will ich die Genüsse dieser Fahrt so richtig auskosten, das habe ich mir vorgenommen. Man fährt schließlich nicht alle Tage mit der hinterpommerschen Eisenbahn.

Da ich im ersten Wagen sitze, habe ich es nicht weit bis zur Lokomotive. Der Heizer ist schon mit der Ölkanne am Werk, sein Rößlein zu pflegen. Der Lokführer schaut aus dem Fenster. Er sieht aus wie Admiral Scheer, der Sieger von Skagerrak. Aber das macht nur der Spitzbart, den er trägt. Ich stelle mir vor, was er wohl auf der Kommandobrücke eines schweren Kreuzers für eine Figur abgeben würde. Suchend blickt er den Bahnsteig entlang. Richtig, dort kommt eine Frau, ein schwarzes Kopftuch über das angegraute Haar gewunden. Der Mann klettert die Leiter zum Führerhaus herunter. Es scheint seine Frau zu sein, die da kommt. Sie trägt einen kleinen Spankorb in der Hand. Ich trete ein wenig beiseite, betrachte mir die P 6, um ihr Gespräch nicht zu stören, bekomme aber trotzdem jedes Wort mit.

»Hier sind die Kirschen, Mann, sie sind ganz frisch, ich habe sie vorhin erst vom Baum geholt.«

»'n Tach, Luise, da wird sich der Kleene man freuen, gib sie her.«

–»Denn grüß das Mädchen schön. Wieviel Zeit hast du in Kolberg?«

»Es langt, Mutter, ich brauche bloß die Maschine zu drehen. Wasser nehmen muß der Fritze, derweil kann ich gut zwei Stunden das Mädchen besuchen. Haste was zu bestellen?«

»Guck mal, was der Kleine macht. Wann hast'n wieder die Kolberger Tour?«

»Warte mal, heute ham wer Dienstag, denn kommt Mittwoch, Donnerstag, nee, nächsten Montag erst.«

»Denn richt ihr mal aus, daß sie Montag wieder Kirschen kriegt. Es hängen noch genug dran. Sie soll nicht in der Stadt das teure Obst kaufen. Und hier, das ist für den Kleinen.« Sie reicht ihm eine Tüte hin.

»Is jut, Luise, ich werd's schon machen.«

»So, denn will ich mal wieder gehen. Wann kommst 'n zurück heute abend?«

»'s wird zehne, ich komme mit 'm Güterzug retour. Brauchst nicht zu warten, Mutter.«

»Is egal, ich warte doch, denn adieu, Mann.«

Sie nicken sich zu, dann tritt die Frau den Rückweg an. Ich werde abgelenkt, der Gegenzug poltert herein, geführt von einer der neuen Einheitstendermaschinen, Baureihe 64, die ganz frisch herausgekommen sind. Ich verrenke mir die Pupillen, um ja alles mitzubekommen, denn ich habe höchstens ein oder zwei Stück bisher gesehen. Wie schade, sie fährt zu weit durch, ich hätte sie so gern genau betrachtet. Kleine Dampffähnchen kräuseln aus den Zylindern der P 6, es riecht warm nach heißem Öl, jener so ausgesprochen lokomotiveigene Geruch. Die zwei mächtigen Gaslaternen der Maschine wollen mir wie zwei Augen erscheinen, die argwöhnisch die Strecke beobachten. Schade, wenn ich damals gewußt hätte, daß ich hier in Naugard das letzte Mal vor einer P 6-Lokomotive stehen würde, hätte ich die Maschine mit anderen Sinnen betrachtet. Mit den P 6-Lokomotiven hatte es seine eigene Bewandtnis. Sie kamen bereits 1920 fast alle nach Ostpreußen, soweit sie nicht im Rahmen der Waffenstillstandsbedingungen an die Siegermächte abgegeben werden mußten. Einige wenige blieben bei der Direktion Stettin und machten sich in den Bahnbetriebswerken von Stettin Hgb, Naugard und Ruhnow nützlich, bis sie 1932/33, als die flinken Lokomotiven der Baureihe 24 ihren Einzug in Pommern hielten, als überflüssig und altmodisch ausgemustert wurden. Die übrige Verwandtschaft indes stand in Ostpreußen noch bis zum zweiten Weltkrieg im Dienst.

Doch der Flügel des Ausfahrtsignals ist soeben nach oben gegangen.

Ich klettere wieder in meinen Wagen zu meiner urwüchsigen Reisegesellschaft. Dort hat man es sich inzwischen gemütlich gemacht. Das Reisefieber hat sich gelegt. Als ich mich auf meinen Platz setze und der Zug losrumpelt, packt der dicke Mann eben ein Paket Brote aus einem Bogen Zeitungspapier, langt sich eines heraus, das um den ganzen runden Laib – es muß ein Riesenlaib gewesen sein – geschnitten ist und gibt auch seiner Ehehälfte und der alten Oma. Zwischen den Scheiben liegt der Speck fingerdick, an beiden Seiten hängt noch ein Ende herunter wie eine Fahne, die zur Kapitulation herausgesteckt ist.

Ein appetitlicher Duft zieht durch das Abteil, es riecht nach Räucherware. Der Mann schmatzt und kaut. Mein erstaunter Blick muß ihm wohl aufgefallen sein.

»Sind Sie aus der Stadt, junger Herr?«

Ich nicke.

»Von wo kommen Sie denn?«

»Aus Halle an der Saale.«

»Ach, von so weit her!« rufen alle drei gleichzeitig und voller Mitleid. Der Dicke langt in das Papier hinein und holt eine Stulle heraus, bei deren Anblick mir die Augen zu tränen beginnen.

»Da, essen Sie, in der Stadt müssen die Leute immer hungern. In Pommern ist das anders. Da gibt's viel zu essen. Langen Sie zu!«

Ich bedanke mich und reiße die Kinnladen auseinander, den ersten Bissen zwischen die Zähne zu zwingen. Ach du herrliches pommersches Speckbrot, wie hab' ich in den Jahren nach 1945 so sehr an dich denken müssen, Fata Morgana in einer schlimmen Zeit. Wie bist du mir zu den unmöglichsten Augenblicken im Geiste erschienen. Im Kriege, als sie uns mit Ölsardinen und Käse totfüttern wollten. In den knappen Jahren des Endsieges. Oder als wir den Riemen so eng schnallen mußten, daß uns ein Brot 70 RM wert war, auf dem Schwarzen Markt natürlich. Du seist gesegnet, liebes pommersches Speckbrot, solange es noch eine Erinnerung an das herrliche Pommerland gibt.

Wir kauen und schmatzen nun zu viert. Essen beruhigt ungemein auf einer Reise. Der Zug hält in Plathe, einer kleinen Stadt. Wir schauen interessiert aus dem Fenster. Die Großmutter lispelt:

»Wenn ich gewußt hätte, wie schön es in der Eisenbahn ist, wäre ich schon längst einmal gefahren. Das ist ja hier ein richtiges Zimmer.«

Die Fahrt geht weiter. Während ich bei der Hälfte des Brotes angekommen bin und mich wacker hindurcharbeite, halten wir schon in Batzwitz. Meine Reisebegleiter sind ganz aufgeregt, sie stehen Minuten vor dem Halt an der Tür aus Angst, der Zug möchte weiterfahren. Vor lauter Aufregung denken sie nicht mehr an mich, sondern stürzen hinaus, der Bauer hebt das Mütterchen hinunter, kaum, daß der letzte Quietscher der Bremse verklungen ist. Sie lassen die Tür auf, der Schaffner donnert sie zu, daß das Fenster herunterknallt.

Ich kaue mit Todesverachtung weiter. Es schmeckt herrlich, das Brot ist offensichtlich handgebacken. Bis wir in Greifenberg sind, habe ich endlich den Feind besiegt und die Schlacht gewonnen. Nun bin ich satt und richtig träge geworden.

In Greifenberg steht ein Güterzug auf dem Nachbargleis, eine 57er ist davorgespannt, eine G 10. Doch es geht weiter in die letzte Etappe. Bald werden wir Treptow erreichen. Dann heißt es, ins Kleinbähnchen umsteigen, in eines von den köstlichen pommerschen Kleinbähnchen.

Mir ist warm geworden vom vielen Essen. Ich öffne das Fenster und lehne mich hinaus.

»Schaffeschaffe – schaffeschaffe – schaffe – schaffe –« schnauft die Maschine eifrig voran. Die Stadt verschwindet, als wir in einen kleinen Einschnitt fahren, nur der Kirchturm ist noch zu sehen.

»Rumpumpel – rumpumpel – rumpumpel – rumpumpel –« singen die Räder ihr Lied. Ich blicke die Zugschlange zurück. Folgsam trollen sich die Wagen hinter der Maschine her, ein wenig sich wiegend. Manchmal macht einer von ihnen einen Nicker, als wolle er sich vor jemandem verbeugen. In der Kurve sehe ich die alten hinterpommerschen Veteranen am Schluß des Zuges daherscheppern. Aus dem Schornstein der Lokomotive zieht weißer Dampf. jetzt wird er schwarz, der Heizer hat aufgeschippt. Kohlebröckchen fliegen vorüber, Ruß, Ascheteilchen. Da, jetzt habe ich eins ins Auge bekommen und zucke schnell mit dem Kopf zurück. Das kommt davon, wenn man zu vorwitzig aus dem Fenster schaut. Mit dem Taschentuch erwische ich das Stäubchen glücklicherweise. Das soll mich nicht verdrießen, abermals das Gesicht in den Fahrtwind zu wenden. Dort vorn wackelt sie einher, die alte P 6 Nummer 37 036, unproportioniert, häßlich. In den Kurven, deren jetzt mehrere kommen, kann ich sie gut sehen. Sie grunzt, schnauft und pfeift gemütlich. Manchmal tritt das Läutewerk in Tätigkeit. Dann klingt hell ein lustiges »Bim – bim – bim – bim – bim –« über das abendliche Land. Der Lokführer mit dem Admiral-Scheer-Kopf schaut ruhig und gelassen aus dem Fenster. Sein Rößlein läuft von allein. Er wird mit den Gedanken schon bei der Tochter in Kolberg sein. »Pft – pft pft – pft – pft –« jubelt der Dampf in den Zylindern. Die Arme breit aufgestützt, lehne ich im herabgelassenen Fenster. Der Blick schweift weit in das gesegnete Land. Über uns der große, gute pommersche Himmel. Es duftet nach Heu, ein wenig nach Kuhmist, nach warmer Sommererde. Von der nahen See herüber weht eine Brise voller Würze und Frische, herzhaft und gesund.

Wir halten noch in Görke und Gummin, dann kommt Treptow in Sicht. Ich bin gleich am Ziel. Es riecht nach Lokomotivenrauch. Mein Hemd hat eine Reihe von Rußflecken bekommen, die Manschetten sind schwarz, meine Finger schmutzig, ach, was tut's? »Rumpumpel – rumpumpel – rumpumpel –« singt der Zug sein herrliches Lied. Das Herz wird mir groß und weit, ich singe es mit, das Lied vom Zauber der Schiene. Hört ihr es, Freunde? Höret gut zu, denn es ist ein Liebeslied!

Die goldenen Zwanziger

*S*ie sind bereits zum geflügelten Wort geworden, jene Jahre nach dem mörderischen ersten Weltkrieg, nach der zermürbenden Inflation, jene Jahre des großen Siegeszuges von Auto und Flugzeug, als die Menschheit sich wie im Rausche in den Trubel des Lebens stürzte. Kurzum, ich meine jene Jahre des schnell einsetzenden Wohlstandes, der all das nachzuholen ermöglichte, was die Kriegsjahre hatten versäumen lassen. Der jungen Generation werden sie kaum noch ein Begriff sein, um so mehr werden sich die Älteren daran erinnern, die einen mit einem behaglichen Schmunzeln, die anderen mit einem etwas flauen Gefühl zwar, aber trotzdem nicht ausgesprochen ungern. Es waren ja die Jahre, als die Frauen Bubikopf trugen oder gar »Herrenschnitt«, als Herr und Frau Raffke in jeder Gesellschaft unangenehm auffielen, als man Charleston und Rumba erstmals probierte und dazu die »Band« auf einem ganz neuartigen Instrument, dem Saxophon, die Synkopen einer neuen Musik, Jazz genannt, in die berauschte Menge blies. Im frisch erfundenen Radio hörte man Alfred Braun ansagen: Hier spricht Berlin auf Welle 505. Die Kinematographen nahmen einen ungeheuren Aufschwung, Asta Nielsen, Henny Porten, Harry Liedtke und Harry Piel waren die großen Filmlieblinge des Publikums. In aller Stille baute Albert Einstein seine die Welt verändernden Thesen auf, während jedermann den Atem anhielt, als Hauptmann Köhl, Freiherr von Hünefeld und Major Fitzmaurice den Atlantik überquerten, ein geradezu waghalsiges Unternehmen. Allerorts landeten wieder Zeppelinluftschiffe, und Dr. Eckener wurde als ihr Apostel verehrt. Die Leuna-Werke produzierten erstmals synthetisches Benzin, Ende der Zwanziger kam der erste Tonfilm heraus, dessen Schlager: »Ich küsse Ihre Hand, Madam«, von klein und groß, von alt und jung, gesungen, gepfiffen und gesummt wurde. Was gab es damals für merkwürdige Automarken – als junger Bengel wußte man natürlich auch hierüber bestens Bescheid und fachsimpelte über die Qualität eines Hanomag, Stoewer oder Austro-Daimler, vielleicht, wenn es sich um Lastwagen handelte, über Hansa, NAG und Brand-Erbisdorf, längst vergessene und verschollene Marken.

Kinder, waren das Zeiten, möchte man, einer Redewendung folgend, die sich speziell für die Zwanziger eingebürgert hat, rufen. Waren das Zeiten! Paul Lincke, Walter Kollo, Franz Lehár schufen die Melodien des Tages. Ganz Deutschland sang von dem in Heidelberg verlorenen Herzen, Bert Brechts »Dreigroschenoper« erhitzte die Gemüter, und »Jonny spielt auf« hieß das Modestück der Zeit. Der brave Bürger besaß zu Hause sein Grammophon – wir machten keine Ausnahme –, aus dessen Trichter, mit der dicksten Nadel abgespult, die Kreuzritter-Fanfare, der Fehrbelliner Reitermarsch und Preußens Gloria herausdonnerten, denn die Alten schwärmten noch immer von ihrer Soldatenzeit bei den Ulanen, Husaren, Kürassieren oder Dragonern. Die Weiblichkeit zog »Gold und Silber«, »Großmütterchen«, die Serenade von Toselli vor. Richard Tauber und Joseph Schmidt strahlten mit ihren Tenören aus allen Trichtern, während sich der Völkerbund in Genf um den ewigen Frieden stritt, Stresemann seinen berühmten Silberstreifen sah, die deutsche Politik hingegen mit dem Dawes- und Young-Plan, leider auch mit dem Sklarek-Skandal, ihre liebe Not hatte. Kurzum, der Kundige wird längst gemerkt haben, was es mit den goldenen Zwanzigern – die, im Vertrauen gesagt, so golden gar nicht waren – für eine Bewandtnis hatte. Wir meinen die Jahre zwischen Inflation und Wirtschaftskrise.

Heute will es scheinen, als habe es damals auch im Eisenbahnwesen eine Parallele gegeben, wenn uns das auch erst hinterher zu Bewußtsein gekommen ist. Auch hier möchte man rückschauend ausrufen: Waren das Zeiten! Was gab es damals doch noch alles zu sehen, was dampfte und qualmte friedlich und einträchtig auf den deutschen Schienensträngen herum! Es war eine Pracht, zuzuschauen. Denken wir doch daran, daß 1922 die sächsische XX HV, später Baureihe 19, und die preußische P 10, später Baureihe 39, die modernsten und gewaltigsten Lokomotiven Deutschlands darstellten. In aller Stille kündete sich der große Auftritt der Einheitslokomotiven an, von denen allenthalben geraunt und gemunkelt wurde und die dann sozusagen über Nacht erschienen als Maschinen der Zukunft, verblüffend in ihrer modernen Form und ihrer großen Leistung. Ich kann mich noch sehr gut an die ersten 01er und 02er erinnern, die damals vor ihren Versuchszügen den hallischen Bahnhof passierten. Der laute, harte Auspuffschlag war eine Klasse für sich. So schön hatte bisher noch keine Lokomotive gepufft. Gegen die 01 schien alles bisher Dagewesene in den Schatten zu treten. Wen wird es wundem, daß allgemein ehrliche Freude und Begeisterung herrschte, daß es wieder aufwärtsging und unter Gleichgesinnten die erste Frage lautete: Schon die neue Einheitslokomotive gesehen?

Nun will ich ganz ehrlich bekennen, daß ich damals bei weitem noch nicht in die Geheimnisse des Eisenbahnbetriebs eingedrungen war wie etwa heute. Im Gegenteil, ich besaß als junger Bengel niemanden, der mich angeleitet hätte, mußte mir vielmehr alles selbst mühselig zusammenklauben. Heute meine ich: Gerade das ist das Schönste gewesen!

Die Bezeichnung 01 erscheint uns heute vertraut und selbstverständlich. Die Geschichte kriegt aber ein anderes Gesicht, wenn wir bedenken, daß zu Beginn der goldenen Zwanziger die Maschinen alle noch unter ihren alten Ländernummern liefen. Welche Spannung und Neugierde, als die Umzeichnung begann. Ob sich mancher Eisenbahnfreund das überhaupt vorstellen kann? Als diese und jene längst vertraute Maschine plötzlich mit großen, völlig ungewohnten Messingschildern an den Führerhausseiten auftrat, als man gar nicht mehr wußte, welche alte Freundin sich hinter den neuen Ziffern verbirgt. Was hat es doch für Mühe gemacht, hinter die Geheimnisse des neuen Nummernschemas zu gelangen. Wen sollte man schon fragen? Man wollte doch auch gern als Fachmann gelten, der über alles längst Bescheid wußte. Es war eine spannende Zeit wie kaum jemals wieder. Doch nicht davon soll hier die Rede sein, vielmehr was auf dem Gebiet des Maschinenwesens das Interessante an den goldenen Zwanzigern ausmachte. Damals lief nämlich die große Ausmusterungswelle der neugegründeten Deutschen Reichsbahn, so eine Art Flurbereinigung, die Ordnung in die übernommene Vielfalt und Fülle

brachte. Die Folge war, daß allenthalben auf einsamen Gleisstutzen und toten Strängen alte Veteranen der Fahrt zum Zerle-
gebahnhof entgegen sahen. Manche Lokomotivbaureihen
wurden vollständig ausgeschieden, so die – um bei den Preußen
zu bleiben – Baureihe 13 mit ihren 2 B-Lokomotiven der Gattungen S 3, S 4, S 5 und S 6, wenn auch einige noch mit Reichsbahn-
nummernschildern gelaufen sind. Die P 4[1] verschwand, die G 4
aller drei Typen, viele G 5er und natürlich ganze Geschwader von
Tenderlokomotiven, unter denen sich manch schönes antiquari-
sches Stück befand.

Da ich im preußischen Bahnknoten Halle wohnte, habe ich aus
diesem Grunde manche süddeutsche Gattung nicht mehr
kennengelernt, so vor allem die badische IV f, deren Abgang ohne
meine vorherige Zustimmung ich sehr bedauert habe, aber auch
die Württemberger der Klassen AD, E, D und H sind mir fremd
geblieben, selbst die ADh, die doch noch bis 1930 unter ihrer
Reichsbahnnummer 13[17] zu sehen war. Hingegen gehörten die
alten Sachsen zur näheren Bekanntschaft. Helle wie die Sachsen
sind, ließen sie sich auch Zeit mit der Ausmusterung ihrer Maschinen, sehr zur Freude der Eisenbahnfreunde, denen auf diese Weise
manche bejahrte Dame des Schienenstranges noch Ende der
Zwanziger einen feuchten Dampfgruß ins Gesicht blies.

Übrigens: Hast du, lieber Eisenbahnfreund, dir schon einmal ein
kräftiges Atemwölkchen einer P 4 unter die Nase pusten lassen?
Nein? Das gab einen recht feuchten Spaß. Die meisten Lokomotiven waren damals noch Naßdampfmaschinen und der Auspuff
eine ausgesprochene Waschküche mit Regenschauern durch-
setzt, für weiße Kleider schlecht zu empfehlen, zumal wenn das

Feuer auf dem Roste »schmochte« und allerlei Kohlestückchen den Weg in die Lüfte nahmen. Insofern hat die Schmidtsche Erfindung des Überhitzers sehr positive Seiten im Hinblick auf die Zaungäste der Eisenbahn bewiesen.

Höchst mysteriös erschien mir jedesmal der fehlende zweite Auspuffschlag bei den Zweizylinder-Verbundmaschinen. Die Verbundmaschine bekommt bekanntlich zum Anfahren auch in den Niederdruckzylinder Frischdampf zugeführt, sie pufft gleichmäßig. Sobald aber auf Verbundwirkung umgeschaltet wird, fehlt ein Schlag, nämlich der des Hochdruckzylinders, der seinen Dampf an den Verbinder abgibt zwecks Arbeitsleistung im Niederdruckzylinder. Statt auf jede Viertelradumdrehung wie bei den Zwei- oder Vierzylinder- (auch -Verbund-) Lokomotiven kommt nur auf jede halbe ein Puff, ein immer wieder verblüffender Vorgang.

So stand ich stundenlang um nicht zu sagen tagelang in meiner Vaterstadt Halle am Staketenzaun in der Volkmannstraße oder am Geländer der Hindenburgbrücke und registrierte, kontrollierte, begutachtete und notierte. Die P 8 war zur 38erin geworden, außerdem hieß sie noch P 35.17, die G 10 wurde 57er und dazu noch G 55.15. Die T 3 hieß gar 89^{70} und Gt 33.12. Wer sollte sich da herausfinden? Jeijeijei, bis das so alles saß!

Die goldenen Zwanziger! Was für eine Fülle von Eindrücken, von Neuem boten sie doch, welche Fülle von Entwicklung lag allein in diesen wenigen Jahren beschlossen. Fieberhaft wurde an der Wiederherstellung des im Kriege arg vernachlässigten Oberbaus gearbeitet. Neue Wagen wurden in Dienst gestellt, das Signalwesen wurde verbessert. Sauberkeit und Ordnung kehrten allenthalben wieder ein. Die Züge fuhren pünktlich, man verreiste wieder, man fuhr in die Ferien, man konnte es sich leisten, man hatte es ja. Die Bäderzüge liefen ihren alten Kurs, Berlin-Zinnowitz über Ducherow-Swinemünde, Berlin-Stettin-Misdroy, Berlin-Stettin-Kolberg. Die Fahrpläne wurden dichter, die Züge schneller, kurzum, die Eisenbahnen rüsteten zur letzten großen Kraftentfaltung des Dampfbetriebes, der 1945 zugleich mit dem großen Inferno zu Ende ging.

Man kann vom Detail sehr leicht auf das Ganze schließen. Ein Blick auf die Bahnverhältnisse meiner Heimatstadt Halle sowie Mitteldeutschlands mag das Zeitbild jener Jahre abrunden.

Im Bahnbetriebswerk Halle – damals noch verwaltungsmäßig eine Einheit, die Aufteilung in zwei Werke, zunächst 1 und 2, dann P und G genannt, wurde erst Ende der Dreißiger vollzogen – gab es von jeher eine ganze Reihe Schnellzuglokomotiven, denn ihm oblag die Bespannung einer Anzahl wichtiger Schnellzüge. Drei Typen waren es vor allem, die damals für Halle charakteristisch waren: Die preußische P 10 – Baureihe 39 – die bereits 1924 einzog und von der das Bw bis 1930 12 Stück zur Bespannung schwerer Züge insbesondere nach Thüringen zugewiesen erhielt. Sie lösten die ursprünglich hier stationierten S 10^1 ab, die alle Anfang der Zwanziger weiter nach Norden und Osten wanderten. Den leichten Eil- und Schnellzugdienst besorgten die preußischen S 10^2, 2 C-Dreizylinder Schnellzuglokomotiven, und schließlich gab es noch – mancher Leser wird es heute einfach nicht glauben wollen – die bayrische S 3/6, jawohl, die S 3/6! Nicht nur, daß die Schnellzüge aus München von einer Nürnberger S 3/6 nach Halle geführt worden wären. Nein, Halle besaß in der Zeit von

1928 bis 1934 selbst eine Reihe Lokomotiven dieser berühmten Bauart. Sie waren nach Halle überwiesen worden, denn es bestand damals ein wirklicher Mangel an leistungsfähigen Schnellzuglokomotiven in den preußischen Direktionen. Die neue 01 konnte ihres hohen Achsdrucks wegen nicht überall eingesetzt werden, es fehlte an einer Maschine mittleren Reibungsgewichtes. Dieser Mangel führte schließlich im Jahre 1930 zum Bau der 03-Lokomotiven. Die S 3/6 half also vorläufig aus dieser Bedrängnis heraus.

So habe ich die S 3/6 interessanterweise am eingehendsten im preußischen »Ausland« kennengelernt. »Die Bayrische« hieß sie einfach und alt und jung, Eisenbahner und Laien sprachen nur von der Bayrischen, wenn sie die S 3/6 meinten. Der Grund liegt darin, daß die bayrische Typenbezeichnung in Form eines Bruches den Preußen nicht geläufig war und man sich deshalb einen Ersatz suchte.

Es sah damals in vielen Dingen überhaupt anders auf den Schienensträngen aus. Ich denke daran, daß die Lokomotiven in den Zwanzigern noch keine Windleitbleche besaßen. Welch eine Sensation, als die ersten 01er mit den großen »Scheuklappen« erschienen! Erst zu Ende unseres Zeitraumes wurden die Lokomotiven im Rahmen der Hauptausbesserungen damit ausgerüstet. Die bayrischen »Hochhaxigen« liefen alle ohne Windleitbleche, die Henschel-Neulieferung besaß sie indes schon. Die S 10^2 bekamen sie um 1930, bei den P 8-Lokomotiven hat es bis zum zweiten Weltkrieg gedauert, ehe sie alle wohl ausstaffiert waren. In die gleiche Zeit fällt auch die Umrüstung der Beleuchtung. Der Gaskessel hinten an der Tenderrückwand verschwand, dafür

wurde der Turbogenerator aufmontiert. Übrigens trugen zu
Anfang der Zwanziger noch viele P 8 den bekannten roten Ring
um den Schornstein, über den so viel gewitzelt wurde und der
doch nur auf das Vorhandensein einer Marcotty-Rauchverbren-
nungsanlage hinweisen sollte. Sie verschwand ohne viel Aufhebens.
Ich habe in meinem Leben kaum schönere Bilder des Eisenbahnbetriebes gesehen, als wenn eine S 3/6 den oftmals sehr
schweren Tagesschnellzug D 39, München-Berlin, die lange aus
dem Hauptbahnhof herausführende schwach geneigte Rampe

des Berliner Gleises hinauf führte. Man hörte sie schon von weitem aus der Bahnhofshalle puffen. Auf dem Bahnhofsvorplatz blieben die Passanten stehen, wenn die Maschine sich ganz vorn, auf dem hochliegenden Bahnsteig 2 (später 3, heute Gleis 6) in Bewegung setzte, die Auspuffschläge gen Himmel krachten und die schwere, übermächtige Anstrengung des Ingangsetzens des Zuges dem Laien so sichtbar wie nie sonst wurde. Langsam, nur ganz langsam wurden die Auspuffstöße schneller, die geöffneten Zylinderhähne schufen mit ihrem grellen Zischen den akustischen Rahmen für das packende Melodram des Dampflokbetriebes. Die am Bahnkörper liegenden Hinterfronten der Hotels und Häuser reflektierten und verstärkten den Donner des Auspuffes. Regelmäßig mußte der Heizer alsbald feuern mit dem Erfolg, daß an meinem Beobachtungsposten am Lattenzaun der Volkmannstraße die schwer schaffende Maschine noch von einer gewaltigen Rauchfahne gekrönt war, die – zunächst senkrecht aufsteigend – alsbald nach rückwärts abgelenkt wurde. Ich muß bekennen, in solchen Augenblicken – und sie geschahen täglich mehrmals – war ich derart gepackt und ergriffen, daß ich vor innerer Erregung zu zittern anfing, daß es mich fröstelte und nur allmählich mit dem Vorbeipoltern der Wagen die Spannung nachließ. Lange, lange Zeit konnte man den Hall der schneller werdenden Auspuffschläge noch hören, nur allmählich in der Ferne verschwimmend und verklingend.

Zweifellos gefielen auch die S 10[1] als eindrucksvolle Maschinen ganz besonders, weil bei ihnen infolge des Angriffs der Treibstangen auf die erste Kuppelachse die Größe der Räder so imposant sichtbar wurde, vielleicht eines der seltsamsten Bilder für den, der mehr als nur ein technisches Objekt in der Lokomotive sah. Vor langen Zügen taten sie sich freilich etwas schwer, die Bayrischen sah man lieber im Bw. Die S 10²-Schnellzugmaschinen waren damals im mittleren Deutschland recht verbreitet, die Bahnbetriebswerke Halle P, Magdeburg Hbf, Halberstadt, Braunschweig Hbf und Hannover Hbf waren ihr Domizil, sie gehörten also zum täglichen Bild der Zugespannung. Später wurden sie durch die 03-Maschinen verdrängt und wanderten in andere Direktionen ab.

Bis Anfang der dreißiger Jahre traf noch die S 10¹ täglich, aus Magdeburg kommend, in Halle ein. Mit Aufnahme des elektrischen Betriebes beschränkte sich ihr Erscheinen nur noch auf gelegentliche Vorspanndienste auf der Strecke Hannover-Halle. Auch die Berliner S 10¹ des Bw Anh. Bf. erschienen seltener. Die Strecke Leipzig-Halle wurde bereits seit Dezember 1922 elektrisch betrieben.

Unter den hallischen S 10² befand sich ein besonderes Glanzstück, die 17 203! Sie ist später nach Cottbus abgegeben worden und meinen Blicken entschwunden. In Halle aber blieb sie mein ausgesprochener Liebling. Diese Maschine war mit Gleichstromzylindern der Bauart Stumpff geliefert, später jedoch, da sich die Anordnung nicht bewährte, umgebaut worden. Wegen der voluminösen Gleichstromzylinder mußte man die zweite Achse als Treibachse wählen, eine Anordnung, die auch nach dem Umbau bestehen blieb. Da die normalen Zylinder wesentlich kleiner waren, ergab sich eine ellenlange Kolbenstange, die mittels einer Brille abgestützt werden mußte. Kreuzkopf und Gleitbahn lagen weit zurück, man mag sich einmal die lange, ölglänzende Kolbenstange ausmalen.

Aber ich fürchte, den Leser mit meinen Erinnerungen zu langweilen. Vielleicht sind sie für einen Dritten gänzlich uninteressant. Man nimmt ja seine eigenen Eindrücke immer am wichtigsten, und jeder Mensch hält sich für den Mittelpunkt der Welt. Der Bayer interessiert sich in erster Linie für seine Münchener und Nürnberger Lokomotiven, die »Preißen« taugen in seinen Augen sowieso nichts. Wer wird es dem Schwaben verübeln, daß für ihn Stuttgart **das** Paradies war (hinten am Rosenstein) und die württembergischen Lokomotiven ihm über alles gingen und auch heute noch gehen? Es ist ja auch gar kein Werturteil mit solcherlei Betrachtungen verbunden, der wäre ein schlechter Eisenbahnfreund, der nicht »seine« Lokomotiven, die seiner Heimat, in deren Gemeinschaft er aufgewachsen ist, am liebsten hätte. Wie gut, das es so ist.

Im Personenzugdienst beherrschte in Mitteldeutschland die preußische P 8 von jeher das Feld, sie war in allen Bahnbetriebswerken zu Hause und fuhr einem eigentlich bei Schritt und Tritt über den Weg. Den Nahverkehr nach den südlichen Industrievororten und Nachbarstädten, insbesondere die Traktion der Arbeiterzüge nach den Leunawerken besorgten preußische T 14[1], Baureihe 93[5], die in größerer Anzahl im Dienst standen. Die P 10, wie bereits erwähnt, liefen auf der Thüringer, aber auch auf der Anhalter Bahn.

Den Güterzugdienst versah in jenen Jahren auf den nach Norden fahrenden Strecken die G 8[1] und die G 10, in Richtung Süden die G 12, wie die Fachbezeichnungen der D, E und 1 E gekuppelten Lastzugmaschinen lauten. Das Tempo der Güterzüge konnte damals alles andere als schwindelerregend genannt werden.

Aber was tat's? Man hatte noch Zeit. Der letzte Wagen jedes Zuges besaß sein Bremserhäuschen, darin hockte, friedlich vor sich hindösend, der in der Umgangssprache »Bremser« genannte Eisenbahnbedienstete. Auch dieser ehrenwerte Beruf ist den Zeitläufen zum Opfer gefallen. Wiederum blickt der von der Koronarinsuffizienz geplagte Mensch des Jahres 1964 voller Neid auf die goldenen Zwanziger zurück.

Die G 10 besorgte auch den Rangierdienst auf dem hallischen Verschiebebahnhof, von der Tenderlokomotive Gattung T 16[1] kräftig unterstützt. Die alten G 7 traten in Mitteldeutschland nicht mehr groß in Erscheinung, sie zogen Westdeutschland vor. Die kleinen Tendermaschinen der Gattungen T 9[1] und T 3 rundeten das Bild ab. Die bedeutungslose Nebenbahn von Halle über Angersdorf (damals Schlettau geheißen) nach Bad Lauchstädt war den T 9[3], Baureihe 91[3], vorbehalten. Sie schnauften wacker mit gewaltigen Dampfwolken die Steigung von Delitz nach Lauchstädt hinauf, auf der Höhe des Berges in vergnügtes Gebimmel einstimmend. 91er gab es damals übrigens wie Sand am Meer, nicht nur in Halle, nein, in ganz Norddeutschland. Dazu kam die T 3, Baureihe 89[70], heute eine allerseits verehrte Kostbarkeit, damals mehr eine Landplage, die überall im Wege stand oder sich mit ein oder zwei Wägelchen behängt im Bahngelände undurchsichtigen Beschäftigungen hingab.

Die ganz alten preußischen Bauarten waren mit Beginn der Zwanziger schon weitgehend aus Halle abgezogen worden. Im Jahre 1934 hielten die ersten 03-Lokomotiven ihren Einzug im Bw Halle P, während S 10[2] und S 3/6 ihr Büchlein erhielten und auf Wanderschaft gehen mußten. Lediglich vier S 10[2] blieben für Vorspanndienste dem Bw noch treu, letzte Gralshüter alter preußischer Schnellzugherrlichkeit. Schon während der dreißiger Jahre brachte die Elektrifizierung mancherlei Veränderungen. Nun, die neuen E 04, die damals auftauchten, schienen zwar rasante Maschinen, die uns schon imponieren konnten. Bis dahin hatten Leipziger E 06 die Traktion der Schnellzüge Leipzig-Halle besorgt. Noch interessanter erwiesen sich die E 77 aus dem Güterzugdienst, die auf Grund ihres dreiteiligen Aufbaus wie ein Tatzelwurm dahergeschlingert kamen.

Leipzig galt für den Preußen seit jeher als »Ausland«. Zwischen Halle und Leipzig hat sich auch nach Wegfall der Staatsgrenzen nie so etwas wie Freundschaft entwickelt. Daß Leipzig der preußischen Direktion Halle zugeschlagen wurde, hat es nie überwinden können.

Die goldenen Zwanziger!

Der Blick wird ein wenig besinnlich, wenn der Gedanke an jene Jahre des ewig scheinenden Friedens von ungefähr die Erinnerungsschranke passiert und ins Bewußtsein eintritt, wenn plötzlich diese oder jene längst vergessen geglaubte Begebenheit wieder lebendig wird. Richtig, damals trieb sich in Halle noch eine alte S 4 herum, vergessen, verrostet, verrottet. Stimmt! Und hinter dem Bw G, da stand überhaupt ein ganzer Geleitzug von Invaliden, weiß der Teufel, wes Datums die alle waren. G 3, G 4^2, G 5^1, G 5^2, mal gingen einige weg, mal kamen neue hinzu, Lokomotiven mit und ohne Tender, T 2, T 4, manchmal, wenn der Schornstein fehlte, ließ sich der Lokomotivensteckbrief nur noch mit einiger Mühe und Phantasie aufstellen. Sie verschwanden, als damals der alte Schuppen 1 abgerissen wurde, eine Rotunde mit innen liegender Drehscheibe, und an seine Stelle ein modernes, großfenstriges Rundhaus trat, das heute noch steht.

Sie gingen etwas rasch und hastig zu Ende, die goldenen Zwanziger. Sogar mit einem hörbaren Krach, nachdem es im Gebälk schon vorher verdächtig geknistert hatte. Der Krach hatte einen doppelsinnigen Hintergrund, wenn man an den Zusammenbruch der Banken denkt, mit dem die große Wirtschaftskrise eingeleitet wurde. Dieser fürchterliche Rückschlag gilt letzten Endes als Ursache, daß auch der Bau der Einheitslokomotiven nicht so vorankam, wie es wünschenswert gewesen wäre. Die goldenen Zwanziger schlossen mit einem grellen Mißklang, mit Massenarbeitslosigkeit, Brüningschen Notverordnungen, Nazidemonstrationen und Saalschlachten, Schießereien und Rot-Front-Rufen, Wahlen und abermals Wahlen, die das Schicksal nicht mehr zu wenden vermochten, das uns allen bevorstand.

Sei es, wie es sei. Sie waren schön, die Zwanziger, für mich besonders schön. Oder wann hat man jemals wieder den D 39 von einer S 3/6 geführt gesehen, der eine $S\ 10^2$ als Vorspann beigegeben war? Oder $S\ 10^1$ mit $S\ 10^2$ gekuppelt? Oder im benachbarten Leipzig eine P 10 und eine 17^7? Eine 38^2 als Vorspann vor einer 02?

Es war so beruhigend, wenn der Leiermann auf den Hof unseres Mietshauses kam, seine Drehorgel aufbaute und begann:»Ich hab' mein Herz in Heidelberg verloren«, – »Es war einmal ein treuer Husar« und »O Donna Klara...«, wenn die Mutter ein Fünferle fein säuberlich in Papier einwickelte und auf den Hof warf, worauf der Mann geziemend dankte. Oder wenn »gustav nagel«, der Heilige von Arendsee, barfuß und barhaupt mit wallenden Locken durch die Straßen meiner Vaterstadt schritt, von einer Rotte Kinder verfolgt, wenn Zither-Reinhold, ein hallisches Original, mit seinem »Wimmerschinken« von Haus zu Haus zog, wenn des Sonntags die halbe Stadt mit Kind und Kegel, bepackt mit Kuchen und Broten, in die Heide pilgerte, es sich dort so gemütlich machte, daß die Forstbeamten eine Woche lang zu tun hatten, die Spuren zu beseitigen, oder an den Sommertagen die zwei alten Seelenverkäufer »Hertha-Frieda« und »Halle«, mit Ausflüglern vollbeladen unter den Klängen einer zünftigen Blaskapelle saaleabwärts nach Brachwitz oder Wettin stampften, gewaltige schwarzbraune Qualmwolken aus den langen Essen pustend. Es war schön – die Erinnerung tut noch ein übriges, jene Jahre zu verklären, die Jahre des Nummern- und Gattungsversteckspieles, der Windleitbleche, der alten preußischen Maschinen und nicht zuletzt die Jahre, als Halle P beinahe – zu Bayern gehörte.

Schwäbische Kunde

*S*o ziemlich das schönste Weihnachtsfest, an das ich mich erinnern kann, war das des Jahres 1930. Nicht, daß bemerkenswerte äußere Ereignisse diesen Tag vor allen anderen ausgezeichnet hätten, nein, ein lange gehegter Lieblingswunsch ging damals in Erfüllung. Unter dem brennenden Lichterbaum lag am Heiligen Abend ein – Fotoapparat! Nun, es mag heute lächerlich erscheinen, davon solch ein Aufhebens zu machen. Was bedeutet schon ein derartiges Geschenk in einer Zeit, die gewohnt ist, sich Autos und Wohnungseinrichtungen zum Fest zu überreichen. Damals lebte man noch bescheidener. Ich muß es noch heute meinen lieben Eltern hoch anrechnen, welches Opfer sie mit dieser Ausgabe gebracht haben. Im Jahre 1930 ging die wirtschaftliche Blüte der Nachkriegszeit bereits zu Ende. Für ein Beamteneinkommen bedeutete ein derartiges Gerät schon einen tüchtigen Aderlaß. Aber was tun Eltern nicht alles, ihren Kindern eine Freude zu bereiten. Und als Riesenfreude erwies sich dieses Geschenk wahrhaftig.

Allerdings ist zum Thema Fotoapparat des Jahres 1930 im allgemeinen sowie im besonderen einiges zu erklären. Selbstverständlich mußte es ein Plattenapparat sein. Rollfilmkameras nahm man damals noch nicht für voll, sie galten nicht als salonfähig. Verständlicherweise hatte der Geldbeutel meiner Eltern nicht für eine Voigtländer Bergheil oder eine Plaubel Makina gereicht, aber die neue Kamera besaß immerhin ein Objektiv mit der damals beachtlichen Lichtstärke 4,5. Auch der Verschluß reichte von 1/2 bis 1/100 Sekunde. Es ließ sich also schon mancherlei mit dem Apparat anfangen.

Was beginnt nun ein Eisenbahnnarr mit einem frisch geschenkten Fotoapparat? Die Antwort bedarf keinerlei Überlegungen: Eisenbahn fotografieren.

Beim ersten schönen Sommertag zog ich also los in mein bekanntes Jagdrevier, wohl versehen mit Kamera, Platten, Gelbscheibe und Stativ. Leider besaß meine Ausrüstung nur drei Kassetten, so daß ich mich immer ein wenig in der Klemme befand. Aber auch anderweit stellten sich Schwierigkeiten ein, welche die Freude an der neuen Errungenschaft nicht gänzlich ungetrübt ließen.

So eine Plattenkamera von anno 30 hatte es nämlich noch immer in sich. Es gab weder einen Filmtransport noch eine Doppelbelichtungssperre, von Schnellaufzug gleich gar nicht zu reden. Aus der freien Hand ließ sich höchstens eine Aufnahme mit 1/50 oder 1/100 Sekunde machen. Dazu reichte aber oft das Licht nicht aus. Denn es galt als Grundsatz jener Kameras, daß die optische Leistung beim Abblenden zunahm. Man zeigte sich bestrebt, möglichst mit Blende 8 oder 11 zu arbeiten. Bei dem geringempfindlichen Material jener Jahre – 18, höchstens 23 Grad Scheiner – mußte die Sonne dem Fotografen sehr zugetan sein, wenn man noch mit der 1/25 Sekunde auskommen wollte. Für fahrende Züge mit kurzer Belichtung blieb nur offene Blende übrig, wobei die Fotos an den Rändern nicht völlig scharf wurden. Vor jeder Aufnahme galt es also, tiefsinnige und wissenschaftliche Überlegungen anzustellen, in welcher Weise man wohl das Bild unter Dach und Fach bringen wollte.

Doch mit dieser Gedankenarbeit allein war es nicht getan. Hatte man mit vielem Für und Wider die richtige Einstellung schließlich gefunden, so bedeutete das noch lange nicht, daß die Aufnahme bereits gelungen gewesen wäre. Nein, diese alten Kameras trugen buchstäblich den Teufel in sich. Und der hieß: Kassettenschieber! Die lichtempfindliche Platte befand sich in einer sogenannten Kassette, die hinten, nach Entfernen der Mattscheibe, in entsprechende Falze der Kamera eingeschoben wurde. Sobald das geschehen war, hieß es, den Kassettenschieber, der die Kassette abschloß und die Platte vor Lichteinfall schützte, herauszuziehen, damit die Aufnahmefläche frei vor der Linse lag. Natürlich durfte man nicht vergessen, ihn nach der Aufnahme auch wieder hineinzustecken. Daß als zusätzliches Übel der Verschluß gespannt werden mußte, bedarf gar keiner Frage.

Das ist ja nun alles einfach und verständlich klargelegt. Man konnte auch daheim beim beliebten Sonntagnachmittags-Familiengruppenbild kaum einen Fehler begehen. Man hatte Zeit, die Familie auch, sie wußte es nicht besser und stellte sich moralisch auf eine längere Vorstellung – im wahrsten Sinne des Wortes – ein. Der Amateur baute Stativ und Kamera auf, hängte zwecks besserer Betrachtung der Mattscheibe ein schwarzes Tuch darüber, die Sippe bekam ihre Plätze angewiesen. Der Amateur kroch unter das schwarze Tuch, beäugte auf der Mattscheibe Vorder- und Hintergrund, winkte die lieben Verwandten formatfüllend ein, die

Kleinen vorn, die Großen hinten. Dann wurde inständig gebeten, sich nicht mehr von der Stelle zu rühren, weil nunmehr die Entfernung eingestellt sei. Die Mattscheibe wurde gegen die Kassette umgewechselt. Wenn man Pech hatte, war der Verschluß auf T, also offen, stehengeblieben, denn er mußte beim Betrachten der Mattscheibe geöffnet werden. Dann war bereits die erste Platte zum Teufel noch bevor die Aufnahme geschossen war. Erschrocken verbarg man das böse Mißgeschick in seinem Busen, fummelte mit der zweiten Kassette herum, bei der es dann klappte. Schieber heraus, Verschluß gespannt, nun aber bitte alle freundlich und schön lachen – klick – natürlich hatte Tante Emma die Augen so angestrengt aufgerissen, daß sie just im entscheidenden Augenblick blinzeln mußte. Jeder zeigte sich sichtlich befriedigt, daß die Prozedur geschafft war, man rief sich zu, was man wohl für ein Gesicht gemacht habe, und auch der Amateur wischte sich den Schweiß von der Stirn. Schade, daß zur Plattenkamera damals keine Checkliste geliefert wurde, sie hätte sich bezahlt gemacht. Für Ferienreisen gab es sogenannte Filmpacks, Planfilme, zwölf an der Zahl, die hintereinander in einer eigenen Kassette lagen und mittels Papierstreifen einer nach dem anderen in die Aufnahmeebene gezogen wurden. Zwölf Aufnahmen bedeuteten schon einen gewaltigen Überfluß, und man kam sich allen Vorkommnissen gegenüber gewappnet vor.

Soweit es nun die Familienaufnahme betraf, durfte die Geschichte einfach gewesen sein. Mich mußte der Teufel reiten, Lokomotiven zu fotografieren.

Über die ersten Aufnahmen will ich mit Schweigen hinweggehen. Jeder muß Lehrgeld bezahlen. Warum sollte ich nicht? Aber auch die folgenden wiesen manchen Schönheitsfehler auf. Es ging ja nicht an, auf dem Bahnsteig beispielsweise das Stativ aufzubauen. Eine Lokomotive ist aber keine Tante Emma, die geduldig still hält, bis sich der Fotograf ausgetobt hat. Es galt also Aufnahmen aus der Hand zu schießen.

Sie wurden auch danach.

Noch heute kann ich mich ärgern, wenn ich mein Foto der seltenen Lokomotive 17 203 – die mit der einmaligen Triebwerksanordnung – betrachte, das bei bester Ausleuchtung geradezu gekonnt verwackelt ist. Auch sonst habe ich noch allerlei Meisterfotos seltener Lokomotiven zu bieten. Merkwürdigerweise haben sich diese Nieten bis heute erhalten, während bessere den Zeitläufen zum Opfer gefallen sind.

Jedenfalls kam zu meinen vielen Tätigkeiten nunmehr eine wichtige neue hinzu.

Nach und nach ging es flotter voran, die Ausschußquote wurde geringer, ich bin bis heute der schwarzen Kunst treu geblieben, wenn die alte Kamera auch längst durch ein modernes Gerät ersetzt wurde. In jenen Jahren begann ich, planmäßig Bilder zu sammeln, zu ordnen, auf Bögen zu kleben und in Mappen einzuheften. Soweit es die eigenen Aufnahmen betraf, machten die preußischen und sächsischen Lokomotiven keinerlei Schwierigkeiten, denn die fuhren mir sozusagen vor der Linse herum. Bayern ließ sich mit der S 3/6 würdig vertreten, andere Maschinen konnte ich während der Ferien im Rheinland zu Gesicht bekommen, die Pfälzer, die Badenser. Nur Württemberg fehlte mir. Zwar hatte ich die Reihe K, Baureihe 59, in Mannheim öfters gesehen. Die Klasse C aber, Württembergs Schönste, war mir noch völlig unbekannt. Das wäre aber ein schlechter Eisenbahnfreund, den nicht die württembergische Pazifik-Maschine, Baureihe 18[1], interessiert hätte.

Was tun?

Einfachste Lösung: Nach Stuttgart fahren! Ja, wenn nur die Geldfrage demgemäß zu lösen gewesen wäre. Schon meine Fahrten nach Mannheim und Heidelberg konnte ich nur finanzieren, indem ich die lieben Großeltern, Onkels und Tanten der Reihe nach anbettelte.

Indes, gerade das, was man nicht erreichen kann, erscheint einem zusehends begehrenswerter und schließlich kam es so weit, daß das Seelenheil in Gefahr geriet, konnte ich nicht schnellstens eine Lokomotive dieser Bauart fotografieren.

Die Landkarte wurde gewälzt. Wenn ich wenigstens Bescheid gewußt hätte, wo die Dinger eigentlich fahren und wie die Bespannung im Schwabenländle aussehen würde. Ich fragte diesen und jenen Eisenbahner, bekam aber nur immer halbseidene Antworten, die mir nicht zuverlässig genug schienen. Es ging ja um das liebe Geld.

Bruchsal wurde genannt.

Das lag zwar nicht allzuweit entfernt, ich traute aber dem Frieden nicht recht, inwieweit dort regelmäßig mit den ersehnten Maschinen zu rechnen sei.

Weiter ins Landesinnere? Mühlacker? Nein, Entfernung im Verhältnis zum Inhalt des Portemonnaies zu groß. Also mußte ein dritter Punkt gefunden werden. Die Wahl fiel schließlich auf Heilbronn als vorgeschobenem, gerade noch erreichbarem Posten des Schwabenlandes.

Gesagt, getan. Das Fahrgeld wurde gefochten, die Kamera geladen, Reserveplatten eingesteckt, Proviant verpackt. Auf ging's an einem schönen Sommermorgen nach Heilbronn zur schwäbischen Eisenbahn, neu entdecktem Wallfahrtsort der Eisenbahnnarretei. Mit förmlich suggestiver Gewalt zog es mich dort hin.

Die Reise ließ sich gut an, soweit ich sie noch in Erinnerung habe. Ich fuhr über Mannheim und Heidelberg neckaraufwärts. In Friedrichshall wurde ich schon ganz kribbelig vor lauter Aufregung, rannte von einem Abteilfenster zum anderen, geriet in Neckarsulm schier aus dem Häuschen, als ich eine württembergische T 3 – Tenderlokomotive rangieren sah, und kam schließlich klopfenden Herzens am Ziel meiner Träume an.

»Heilbronn – Heilbronn! Umschteige nach Schwäbisch Hall – Hessental – Crailsheim!« rief der Schaffner aus.

Begierig sog ich die schwäbische Eisenbahnluft ein, spähte mit Falkenaugen wie weiland Winnetou, der Häuptling der Apatschen, umher, was sich in diesem nie vorher gesehenen Bahnhof alles tat.

Leider tat sich recht wenig. Einige abgestellte Garnituren versperrten die Sicht. Irgendwo dampfte gerade ein Zug ab. Von einer Lokomotive der Klasse C keine Spur.

Nun, das wäre wohl auch zu viel verlangt gewesen, wenn man extra wegen mir eine aufgebaut hätte. Was nicht ist, wird schon noch werden, dachte ich frohgemut, der Tag ist noch lang, obwohl es schon spät am Vormittag war. So trollte ich mich denn dem Ausgang zu. Aber halt, eigentlich könnte man einmal einen Eisenbahner fragen, wie die Aussichten stünden. Doch wohl ein sicherer Weg.

Der Mann, der dort den Bahnsteig betrat, schien seines Zeichens Heizer zu sein. Ich wandte mich höflich an ihn. Leider lautete die Antwort, die ich erhielt, niederschmetternd.

»Ja, ja, die C, grad da vorm Personezügle nach Osterburken, da isch sie dervor. Gucket Sie nur, da hinte dampft sie ällweil noch. Könnet Sie's sehe? Ja, ja, da is nix mehr z'mache.'s wird scho mal wieder eine komme!«

Eiieijei, das fing ja gut an. Ich hätte mich vor Wut ... Zwar raste ich doch noch an das Ende des Bahnsteiges – mehr als eine in der Ferne verschwimmende schwache Dampfwolke vermochte ich nicht zu erblicken.

Heute muß ich lachen, wenn ich daran denke, wie todunglücklich ich damals war. Wie viele Lokomotiven habe ich inzwischen schon verpaßt. Einmal habe ich stundenlang auf 05 001 gewartet. Und gerade in dem einen Augenblick, wo ich die Kamera beiseite gelegt hatte, sauste sie vorüber. Ein großer Spötter hat einmal behauptet, das ganze Leben bestünde aus verpaßten Gelegenheiten. Nun, große Männer müssen es erst recht wissen!

Leider hatte ich den Heizer einfach stehen lassen, ohne mich nach den kommenden Aussichten zu erkundigen. Schade. Es blieb mir also nichts weiter übrig, als mich des Weges zu scheren, denn die Bahnsteige blieben gähnend leer. Auch die Richtungsweiser ließen die Flügel hängen und zeigten sich nicht bereit, in Kürze mit überraschenden Ereignissen aufzuwarten.

Also zum Ausgang, Motivsuche an der Bahnstrecke.

Kaum war ich draußen und hatte eben den Bahnhofsvorplatz betreten, als aus der Ferne das wohlvertraute Auspuffgeräusch eines herannahenden Zuges sich hören ließ. Sollte? Nein, so etwas gibt es nicht. Trotzdem raste ich blitzschnell wieder ins Bahnhofsgebäude zurück, um einen Blick auf den Bahnsteig zu werfen. Nun, es war zwar keine C, die da angedampft kam, immerhin eine T 5, Baureihe 75⁰, Personenzug-Tendermaschine vor einem Nahgüterzug, eine Lokomotive, die ich ebenfalls noch nicht gesehen hatte.

Die gehobene Stimmung meiner Ankunft bekam ihren zweiten Dämpfer. Das konnte noch heiter werden, wenn das so weiterging. Aber darob in Verzweiflung auszubrechen, hatte keinen Zweck, irgend etwas Vernünftiges mußte begonnen werden.

Richtig, frischer Mut ist halb gewonnen.'raus ging's aus dem Bahnhof. Die freie Strecke galt es zu finden, dort konnte man sich in aller Gemütsruhe aufbauen, zudem gab es herrliches Sommerwetter und ließ Aufnahmen mit der 100stel Sekunde zu.

Unverdrossen marschierte ich also in der fremden Stadt los, Richtung Norden. So viel wußte ich von Heilbronn, daß im Süden der Neckar tatenfrohem Walten einen Riegel vorschob. Im Norden aber gab es Berge, den Wartberg, den Stiftsberg. Wo Berge sind, hat man eine Aussicht und kann wundervolle Bilder von oben herab auf fahrende Züge schießen.

Schön wär's!

Zunächst einmal stellten sich Zweifel ein, ob ich der Strecke nach Neckarsulm oder der nach Crailsheim folgen sollte, denn ich wußte nicht, bei welcher die Aussichten günstiger standen, die so begehrte Lokomotive vor die Linse zu bekommen. Schließlich entschied ich mich für Neckarsulm, weil dort der Zugang besser schien. In der Nähe des Wasserturms ergab sich auch ein brauchbarer Standpunkt. Die Sonne stand in südöstlicher Richtung, das

Nordsüd-Gleis war also wundervoll ausgeleuchtet. Nur die Ferne zeigte sich in Dunst gehüllt.

Immerhin tat sich mancherlei. Zunächst kam ein Güterzug angerollt. Ich hatte bereits die Kamera gezückt, in der Hoffnung, eine echte württembergische Güterzuglokomotive zu finden. Nein, es war eine preußische G 12 davor, die ich von meiner Heimat zur Genüge kannte.

Egal, zwölf Aufnahmen sind auf dem Filmpack. Einmal muß mit der Schlacht begonnen werden, also – Schuß!

Triumphierend zog ich meinen Filmpackstreifen heraus, Aufnahme eins war unter Dach und Fach.

Geduldig harrte ich weiter aus. Es wurde warm, die Sonne meinte es ausnehmend gut. Es ging stark auf Mittag zu. Im Laufe der Zeit wurde es sogar heiß, denn ich hockte direkt im prallen Sonnenschein, da es keinen Schatten gab. Nun, große Taten erfordern auch Opfer. Tapferes Aushalten wird belohnt.

Ein Zug von Süden fauchte heran, mächtig schwarz qualmend. Erregt sprang ich auf, zückte die Kamera. Nein, ein Güterzug, geführt von einer G 12. Die hatten wir schon.

Von Viertelstunde zu Viertelstunde stieg die Spannung. Ich hatte mir die Reisezüge notiert. Gleich war der D 11, Stuttgart – Berlin, fällig. Jetzt oder nie! Wenn hier keine C vorgespannt war, dann – – Abwarten.

Die Zeit rückte voran. Aus dem Bahnhof ertönte undeutlich der Auspuffschlag eines anfahrenden Zuges, der rasch näher kam. Ein überaus prächtiges Bild. Und die Lokomotive?

Eine P 10!

Schreck laß nach. Ausgerechnet die P 10, die mir in meiner Heimatstadt bereits ständig vor der Linse herumfuhr, ausgerechnet sie mußte hier in Heilbronn aufkreuzen.

Verzage nicht du Häuflein klein. Gleich kommt der Eilzug aus Osterburken. Vielleicht? Wer weiß? Jetzt muß es sich herausstellen, ob Heilbronn einmal mein Walhall werden wird.

Sein Rollen dringt aus dem Dunst heraus. Mit großer Geschwindigkeit und leicht rauschenden Bremsen kommt er angeflitzt.
Jetzt schnell, Kamera hoch. Was für eine Lokomotive?
Eine preußische P 8!
Enttäuscht lasse ich abermals den Apparat sinken. Was hätte das
für ein wunderbares Bild gegeben. Aber wegen einer P 8 bin ich

doch nicht nach Heilbronn gefahren? Das Rollen des vorbei-
dröhnenden Zuges verhindert, daß ich den Gegenzug nach Neckarsulm kommen höre. Ich fahre erschrocken auf, als er vorüber-
dampft.

Die Lokomotive? – Eine badische VI b, Baureihe 75[1].

Ehe ich die Kamera aufgeklappt habe, ist sie bereits vorüber. Wie
steht über dem Eingang zu Dantes Hölle geschrieben: Laßt alle
Hoffnung fahren.

Die Stimmung sinkt, die Hitze hingegen steigt, die Sonne kraxelt
auf den Zenit. In der Ferne schieben sich blendend weiße Kumuluswolken den Horizont herauf. Der Personenzug nach Heidelberg ist fällig. Ich bringe meine Kamera in Bereitschaft, visiere
durch den Rahmensucher. Er schnauft heran.

Wie gehabt – eine P 8.

Leider wurde auch der Zug aus Osterburken von einer P 8
geführt. Und vor dem D 9, der ohne Halt durch Heilbronn Richtung Würzburg gerast kam und auf den ich mich besonders
gefreut hatte, sauste mit wirbelnden Kuppelstangen abermals
eine P 10 einher.

Dafür gab die Sonne jetzt Volldampf. Der Schweiß rann mir aus
allen Poren, außerdem meldete sich der Durst. Ich mußte kapi-
tulieren und gegen die »Unbilden« der Witterung die Waffen
strecken. Der Höhenflug der Stimmung war abgeklungen und
den nackten, grausamen Tatsachen der Wirklichkeit gewichen.
Die körperliche Hochform hatte gelitten. Sehnsüchtig schaute ich
nach einem Eiswagen aus, der für einen Groschen Erfrischung
bieten würde. Wenn man schon einen sucht, findet man bestimmt
keinen.

Nun, der Nachmittag würde sich besser anlassen. Dann begann der Berufsverkehr. Ich tröstete mich und versuchte im Hinblick auf derartige Aussichten neuen Mut zu fassen. Oder sollte ich lieber zur anderen Bahnstrecke hinübergehen? Solchermaßen wurde ich wieder von Gewissensqualen heimgesucht. Der normale Sterbliche macht sich nicht im entferntesten eine Vorstellung davon, wie anstrengend es ist, ein Eisenbahnnarr zu sein und was für Komplikationen mit diesem Zustande verbunden sind.

Ich beschloß zu retirieren und in der Stadt mich nach etwas Trinkbarem umzusehen, denn die Zunge begann mir allmählich »aus dem Halse zu hängen«. Und der Kamera samt dem Filmpack würde die Hitze auch nicht gerade wohl bekommen.

Auf der Chaussee also zurück. Ich hatte gerade die ersten Häuser der Stadt wieder erreicht und wollte nach der Gegend um den Bahnhof Karlstor hinüberschwenken, als ein näherkommendes Auspuffgeräusch mich stutzig machte. Von der Strecke war nichts zu sehen, lediglich wo zwischen den Häusern eine Lücke klaffte, ließ sich ein Blick auf den Bahnkörper werfen. Es dampfte und zischte immer stärker, immer deutlicher unter schwerer Arbeit. Was mochte das sein? Ein Güterzug?

Seltsam, eine G 12 war das nicht, das hörte man am Auspuff. Was für Lokgattungen gab es hier noch? Eine Maschine der Klasse K? Neugierig versuchte ich, einen Blick durch den Staketenzaun zwischen zwei Häusern zu werfen. Da kam der Zug auch schon heran, zwei Lokomotiven davor, gewaltige Rauchfahnen aus den Schornsteinen speiend. Das hätte ein Bild gegeben! Doch – was ist das? Das sind doch – –? Nein, nein – das kann nicht sein! – Wie ein aufgescheuchtes Kaninchen renne ich an meinem Lattenzaun hin und her, fingere den Apparat aus der Tasche – halt – halt doch – halt ein – – –

Es war zum Heulen. Ich glaube, die Tränen standen mir in den Augen. Mit voller Kesselanstrengung und gewaltigen Rauchwolken arbeiteten zwei Lokomotiven der so heiß ersehnten und geliebten Klasse C vor einem Sonderzug Richtung Neckarsulm vorbei.

Habe ich nicht gesagt, Eisenbahnnarr sein ist ein hartes Los?

Nun war ich extra nach Heilbronn gefahren, um diese württembergische Lokomotivbauart zu sehen und zu fotografieren. Und da dampfen gleich zwei Stück an mir vorbei – ein Bild hätte das gegeben – ein Bild! –, derweil ich mir hinter einem Lattenzaun die Augen verrenkte.

Der Tiefpunkt der Stimmung war erreicht. Ich war mit Gott und der Welt zerfallen, haderte mit meinem Geschick, das mich in dieses Jammertal hat geboren werden lassen, verfluchte die Deutsche Reichsbahn im allgemeinen und die Direktion Stuttgart im besonderen, verwünschte Heilbronn in den Ozean hinein, dort, wo er am tiefsten ist. Und grübelte, was mich nur auf den unglückseligen Gedanken gebracht hat, Lokomotiven zu fotografieren.

Voller Verzweiflung marschierte ich in die Stadt, um eine Restauration zu finden, in deren schattigem Garten ich meinen Grimm und Zorn in einer Flasche Sprudel ersäufen konnte.

Es hat lange gedauert, ehe die Lebensgeister wieder zurückkehrten. Sie suchten auch bald wieder das Weite, denn eine Stunde später türmten sich die harmlosen Kumuluswolken zu einer bedrohlichen grauen Wand auf, die den ganzen Himmel umspannte. Was soll ich noch weiter erzählen? Es dauerte nicht lange, dann

blitzte und donnerte es wie ein Prachtfeuerwerk. Schließlich goß
es auch noch in Strömen. Der Teufel mußte mich reiten, vorzeitig
aus der Wirtschaft aufzubrechen, so daß ich noch naß wurde und
erst im Bahnhof Karlstor Zuflucht fand.

Auch das schlimmste Wetter tobt sich einmal aus. Ich hatte die
Nase vom Fotografieren restlos voll, schwor laufend fürchterliche
Eide, mich nie mehr um die Eisenbahn zu kümmern und meine
Bildersammlung überhaupt in den Ofen zu stecken.

Schließlich lief ich zum Bahnhof, weil ich nichts Besseres mehr
zu tun fand, trabte durch die Sperre auf den Bahnsteig und –
wurde fast vom Schlag getroffen.

Gleich an der Treppe stand eine C, die förmlich auf mich gewartet haben mußte.

Weggeblasen aller Groll, aller Hader, alles Verzagen. In meinem Innern leistete ich dem lieben Gott Abbitte für alle meine schlechten Gedanken. Er wird es mir verziehen haben, wie ich hoffe.

Ein gemütlicher schwäbischer Lokführer stand mit der Ölkanne vor der Maschine und erkundigte sich:

»Interessiere Sie sich für die Lokomotiv?«

Ich erzählte ihm, daß ich extra von Rheinhessen nach Heilbronn gekommen sei, um einmal die schwäbische Königin des Schienenstrang, es zu bewundern.

»Ha no«, lachte er freundlich, »na gucke Sie sich die Maschin' nur richtig a. Des hent Sie überhaupt bequemer habe könne. Ich steh' scho seit heut Mittag vorm Bw draußen. Kommet Sie her, ich zeig' Ihne auch emol 's Führerhäusle.«

Die Lokomotive hielt noch eine halbe Stunde am Bahnsteig, sie wartete auf einen Zug von Osterburken, den sie zu übernehmen hatte. Wie war ich so selig und glaubte mich im siebenten Himmel. Der Lokführer erzählte ein langes und breites. Ich versuchte auch noch zwei Aufnahmen zu machen. Doch da ich in der Aufregung vergessen hatte, den Film weiterzutransportieren, sind beide nichts geworden. Ich bin noch nicht einmal sehr traurig gewesen, dazu war diese halbe Stunde zu schön.

Merkwürdigerweise ist es mir nie gelungen, eine eigene Aufnahme von der C zu machen. Ich habe sie später noch öfter gesehen. Auch eine Fahrt auf ihrem Führerstand hat sich nie ergeben. Es ist bei dem einen Besuch damals in Heilbronn geblieben.

Das Leben ist kurios. Wegen dieser halben Stunde habe ich mich nun den ganzen Tag über mit der Tücke des Objektes herumschlagen müssen, durfte ich Durstesqualen ausstehen, mußte mich naß regnen lassen. Und dann wurde alle Mühsal so herrlich belohnt, weit mehr, als ich mir überhaupt hatte träumen lassen. Oh, ihr vernünftigen und gescheiten Menschen, ihr wißt gar nicht, wie gut es euch geht. Was haben wir armen Narren doch für ein schweres Los!

Blankenheim

*E*in Tag geht zur Neige, wie man ihn noch lange im Gedächtnis behält. Die Sonne steht schon tief am Himmel, ein milder Wind weht von den Harzbergen herunter, die Buchen hinten im Walde flüstern ein wenig, aber nur zaghaft, leise, um den Frieden, der über dem Lande liegt, nicht zu stören.

Ich sitze oben am Berghang, lasse den Blick weit in das von der Abendsonne vergoldete Land schweifen. Es ist so still. Wenn nicht von Zeit zu Zeit eine Grille zirpen würde, sollte man meinen, die Natur habe sich bereits zum Schlafen gelegt. Nur manchmal hört man von drüben, von der anderen Seite des Tales, einige sich verflüchtigende Schallreste. Ein einsames Bäuerlein treibt sein Ochsengespann heimwärts, und sein aufmunterndes Hooohhh und Hüüühhh klingt verwehend herüber.

Tief unter mir liegt die Bahntrasse. Ich kann sie nicht vollständig übersehen, Buschwerk ist an einigen Stellen den Hang aufwärts gewachsen, die Gleise liegen außerdem im Bogen. Links gähnt das Portal des Blankenheimer Tunnels, in leichten Dunst eingehüllt. Tunnelöffnungen sind immer ein wenig von Dunst umschattet, sie riechen nach abgestandenem Rauch und Dampf, eben nach Eisenbahn. Liefe man durch die schwarze Röhre hindurch, träfe

man gleich hinter dem anderen Portal auf den Bahnhof Blankenheim. Der Wald wächst dort förmlich in die haltenden Züge
hinein. Es ist der Riestedter Wald, der sich jenseits die Lehne
hinaufzieht. Die Bahn durchquert ihn in tiefen Einschnitten und
zahlreichen Krümmungen, sie klimmt von der Stadt Sangerhausen aus in stetiger Steigung den Berg empor, um hier am Tunnel
den Gipfel dieses sich nach Südosten ziehenden Gebirgsriegels
zu erreichen.

Das Tunnelportal läßt von alledem nichts erkennen. Kalt und tot
liegt es da, ein Abschluß und doch gleichzeitig ein neuer Anfang.
So geht es mit all den vielen Tunnels in unseren Mittelgebirgen,
in denen Bahnen die Wasserscheide der Gebirge durchbrechen
und Tore zu einer neuen anderen Welt bilden. Es ist eine eigenartige Sache um solch einen Tunnel. Wie in der Sinfonie die Kadenz
den soeben gesponnenen Gedanken abschließt, gleichzeitig aber
bereits in ein neues Thema hinübermoduliert, so ist der Tunnel
Abschluß und neues Beginnen zugleich. Gerade diese Zweisei-
tigkeit macht das besondere Fluidum einer Tunnelstrecke aus.

Es ist so schön, hier zu sitzen.

Indianersommer.

Ein Bussard zieht hoch über dem weiten Tal seine Kreise, ohne
jeden Flügelschlag, ruhig, gleichmäßig, still. Aus dem nahen Dorfe
Blankenheim tönt schwach Hundegebell. Von der über die Höhe
führenden Straße schallt das Brummen eines Motors herüber. Ein
Lastauto quält sich den Berg hinauf, doch der Schall bricht jäh ab,
sobald es hinter dem Wald verschwindet.

Ich bin von Riestedt aus durch den Forst gewandert, an der Bahn
entlang, habe mich in Blankenheim ein wenig in der Gaststätte

gleich neben dem Bahnhof gestärkt. Ich bin ein Freund von solch stillen Gängen, von einsamen, neben der Bahnstrecke einherführenden Feldwegen. Dann sitze ich hier und dort am Rain und nehme die tiefe Gelassenheit der Schöpfung ganz in mich auf.

Von meinem Platz aus kann ich weit in das Land hineinblicken, in das arbeitsame, gesegnete Mansfelder Land. Dort hinten, nach rechts zu senkt sich das Tal muldenförmig zu den Dörfern Hergisdorf und Kreisfeld. Sie ducken sich an einen Höhenzug, über den die Schornsteine der Kochhütte ragen und vom Reichtum des Landes, dem Kupferschiefer, künden. Nach links baut sich in sanftem aber stetigen Anstieg der Annaröder Forst auf und zieht sich weit in die Harzberge hinein. Dazwischen Felder, kleine Gehölze, Buschwerk, lange dunkle Schatten werfend, denn die Sonne ist im Niedergehen begriffen.

Ich kann deutlich die Gleise des Trennungsbahnhofs Blankenheim sehen. Das ist auch so eine merkwürdige Geschichte. Das kleine Dörfchen Blankenheim besitzt zwei Bahnhöfe. Dort, jenseits der Tunnelröhre, halten die Personenzüge und steigen die Fahrgäste aus und ein. Hier aber, hier unten im Tal am diesseitigen Munde des Tunnels, fahren alle Züge durch, es ist ein theoretischer Bahnhof, ein Bahnhof, der nur aus der Geschichte heraus zu erklären ist. Die Berlin-Blankenheimer Bahn vereinigt sich hier mit der Halle-Kasseler Bahn, sie wird in die letztere »eingefädelt«. Es macht mir Spaß, die Kunstbauten zu beobachten und der Mühe nachzuspüren, die sich die alten Bahnbauer gegeben haben, die Schienenstränge kreuzungsfrei ineinander übergehen zu lassen.

Das Eisenbahnwesen steckt voller Merkwürdigkeiten, möchte man sagen und damit ein Wort des Weimarer Großen abwandeln.

Hier liegt der Endpunkt einer Bahnstrecke, einer großen Hauptbahnlinie, mitten im freien Feld. Weil aber eine Bahn nicht im freien Felde enden kann, wurde ein künstlicher Bahnhof geschaffen, sozusagen ein Einfädelungsbahnhof. Er erhielt auch einen Namen, wie es sich für eine richtige Station gehört: Blankenheim Trennungsbahnhof! Dort steht das Bahnhofsgebäude. Es ist ein großer solider Bau aus roten Klinkern von jener Massivität, die auf das Überdauern von Jahrhunderten berechnet ist. Mächtige Bäume überschatten es und schaffen eine stimmungsvolle Kulisse. Einige Nebengebäude schließen sich an. Selbstverständlich fehlt nicht das Stellwerk, das den Verkehr an diesem im wahrsten Sinne Bahnknoten steuert. Der Abzweig ist gleich am Tunnelportal, deshalb steht das dreiflügelige Einfahrtsignal zum Trennungsbahnhof jenseits der Tunnelröhre und ist zugleich das Ausfahrtsignal des Personenbahnhofs, eine interessante und für einen Modelleisenbahner vorbildliche Lösung.

Das Bahnhofsgebäude, an welchem niemals ein Zug hält, wirft lange Schatten. Eine Frau ist eben herausgetreten. Sie geht einen schmalen Pfad ruhig und bedächtig entlang, der zu einigen Küchengärten führt. Die Frau verschwindet hinter Buschwerk. jetzt taucht sie wieder auf. Sie schreitet ruhig und gelassen, gleichförmig. Nichts treibt sie zur Eile. Ihr Leben ist festgefügt und sicher wie ihre Schritte. Wohl dem, der so sicher und getrost seines Weges daherschreiten kann.

Der Siebenundzwanziger wird bald kommen. Ich schaue ihn mir gern an, den Siebenundzwanziger. Er kommt von Frankfurt, sein Lauf führt über die Main-Weser-Bahn nach Kassel, schwenkt dort in die Halle-Kasseler Bahn ein, um hier in Blankenheim Trennungsbahnhof in die »Kanonenbahn« einzubiegen, der er bis Güsten treu bleibt.

Kanonenbahn?

Der Volksmund hat der Berlin-Blankenheimer Bahn diesen kriegerischen Beinamen gegeben. Sie wurde auf Grund der schlechten Erfahrungen des Krieges anno siebzig gebaut, als damals die nach Westen fahrenden Bahnen, insbesondere die Bebra-Hanauer, die Truppentransporte nicht zu bewältigen vermochten. Der Generalstab hatte unmittelbar nach Friedensschluß den Bau einer weiteren rein strategischen Bahn gefordert. So entstand die Berlin-Blankenheimer, ein Kind ihrer Zeit und deren Erfordernisse. Sie führt von Berlin aus als Verlängerung der Stadtbahn über Wiesenburg – Güterglück – Calbe – Güsten – Sandersleben – nach Blankenheim, ihrem Endbahnhof. Der Siebenundzwanziger benutzt ihre Gleise bis Güsten, der D 17, der Nachtzug hingegen biegt über Köthen – Dessau ab, so daß das Herzstück der Kanonenbahn, die Teilstrecke Güsten – Güterglück – Wiesenburg kaum je von einem D- oder Eilzug befahren wird.

Die Halle-Kasseler Bahn kann ich nur ein kurzes Stück übersehen. Sie schwenkt scharf nach Osten ein und hält sich dicht an der Berglehne des Hunderückens, den sie umfährt. Ihre Gleise haben Fall bis Wolferode hinunter.

Das Bäuerlein mit seinen Ochsen ist verschwunden und auch die Frau ist ihrer Arbeit nachgegangen. Den schmalen Pfad zu meinen Füßen kommt ein Mann aufwärts gestiegen. Der Schäfer. Er scheint eine Besorgung gemacht zu haben und kehrt zur nahen Birkenschäferei heim. Seinen weiten Mantel trägt er geöffnet, bei jedem Schritt klappern die Berlocken an seiner Uhrkette, die aus

der Samtweste schaut. Taktmäßig stemmt er seinen Stock gegen den Boden. »Guten Abend«, biete ich ihm die Tageszeit.

»Guten Abend«, erwidert er in seiner singenden Mundart, »schöner Tag heute, aber morgen werden wir Regen kriegen.«

Er bleibt stehen und deutet mit dem Arm nach Westen, wo ich naturentfremdeter Mitteleuropäer auch nicht die geringste atmosphärische Wahrnehmung mache.

Der Mann zieht seine kurze Pfeife hervor, fingert aus einer Schweinsblase Tabak heraus und stopft sie umständlich.

»Ich war nämlich beim Tierarzt und habe Arznei geholt. Man hat so seine Last mit dem lieben Vieh!«

Ich nicke verständnisvoll und teilnehmend und murmele ein Jaja als Bestätigung.

Umständlich schlägt er mit dem Daumen aus einem alten Feuerzeug ein Flämmchen und pafft in langen Zügen, bis sich ein blaues Wölkchen aus seiner krummen Pfeife kräuselt.

»Gucken Sie sich ein bißchen unsere Gegend an?« –

»Ja«, sage ich, »das hier ist ein Platz, wo man stundenlang sitzen und schauen könnte.«

Der Schäfer beschattet die Augen mit der Hand, die tiefstehende Sonne blendet ihn.

»Das ist recht.'s Mansfelder Land ist alleweil schön und an einem Tag wie heute, da meint man, der alte Herrgott ginge selber einmal über seine Erde spazieren.«

Dann wendet er sich um.

»Jetzt muß ich aber nach der Schäferei. Mit Dampf geht's besser. 'n guten Abend auch noch.«–

»Gleichfalls – und nicht mehr so fleißig!«

Er stapft seinen Pfad weiter. Ein kleines Rauchwölkchen kräuselt auf, und ein wenig riecht es nach billigem Tabak.

Das tuckernde Auspuffgeräusch einer Lokomotive dringt an mein Ohr. Es kommt aus Richtung Wolferode. Ganz gleichförmig:

»Schaffeschaffe – schaffeschaffe – schaffeschaffe – –.«

Der Personenzug nach Nordhausen arbeitet sich die Steigung herauf. Eben schiebt er sich langsam um die Ecke, seine P 8, die bekannte preußische 2 C-Personenzuglokomotive, zieht ruhig und stetig ihre Bahn. Welch ein freundliches Bild, als sie mit ihren dreiachsigen Abteilwagen unten an meinem Platz vorüberpoltert. Ein kurzer Pfiff – schon verschwindet die Maschine im Tunnel. Ein Dampfwölkchen quillt hervor und hängt wie ein Wattebäuschchen eine Zeitlang über dem Gemäuer des Portales. Gemächlich poltem die Wagen in den Dunst hinein. Ein wenig grollt es noch, dann kehrt wieder die große, so mächtige Stille ein. Der Schäfer ist verschwunden. Ich erhebe mich, die Beine werden steif vom langen Sitzen. Im Strecken des Körpers sauge ich die Lungen tief voll der herrlichen Luft dieses Tages.

Ein schöner Sommer geht zur Neige, Sommer des Jahres 1935, eines für den Eisenbahnfreund bedeutungsvollen Jahres. Hundert Jahre deutsche Eisenbahnen! Hundert Jahre rollen bereits Züge durch das deutsche Land.

Hundert Jahre Eisenbahnnarren!

Wahrhaftig ein Jubiläum, das gleichermaßen gefeiert werden sollte! Klingt da nicht fernes Rollen an mein Ohr? Ist's der Personenzug?

Nein, er kommt, der Siebenundzwanziger!

Ich wende den Kopf unbewußt nach Westen, um den Schall besser ins Ohr zu bekommen. Aha, jetzt schnauft er die Rampe zum Tunnel hinauf. Er ist spät heute und müßte eigentlich schon vorüber sein. Welche Lokomotive wird ihn führen? Diese Frage ist bei jeder Zugbegegnung mit einer kleinen prickelnden Spannung verbunden. Früher war vor dem Siebenundzwanziger manchmal die 17 206, die Schmidt-Henschel-Hochdruckmaschine, die von Kassel aus Probe lief. Horch – hinter dem Berg ein Pfiff! Jetzt poltert er auf der anderen Seite in den Tunnel hinein, der D 27, Wiesbaden – Frankfurt – Kassel – Nordhausen – Güsten

– Magdeburg – Berlin Potsdamer Bahnhof. Hört man ihn unterirdisch rollen? Nein, es ist wohl nur die Einbildung, die der Phantasie Töne verleiht. Da – weißer Dampf quillt auf – jäh donnert Auspuffschall aus dem Tunnelportal – er kommt. Die Lokomotive ist bereits zu erkennen, eine P 10, Baureihe 39, jene bekannte 1 D 1-Dreizylinder-Type, sicher eine Magdeburger Maschine. Das Echo ihres so markanten Auspuffgeräusches bricht sich an den Talwänden, wird vom Bahnhofsgebäude reflektiert, brandet lautstark auf und schwillt allmählich ab. Jetzt fährt der Zug auf den Abzweig, die Wagen poltern tief unten an mir vorbei. Eins – zwei – drei – vier – zähle ich – der Speisewagen – sechs – acht – neun – er ist lang, der D 27, kein Wunder, wenn er Verspätung hat – zehn – elf – Schluß, elf Wagen schleppt die P 10 hinter sich her. Nun ringelt sich die Zugschlange in sanftem Bogen auf hohem Damm über das hallische Gleis hinweg. Ein weißes Dampfwölkchen weht hinter der Maschine her – das Dröhnen von Eisen schwillt auf, als die Wagen über die Überführungsbrücke poltern. Drüben hat er das Gegengleis erreicht und schwenkt in sanfter Rechtskurve in seine neue Bahn ein. Schneller und schneller grollt das ein wenig unharmonische Auspuffgeräusch der P 10 auf, so, wie jetzt der Zug seinen Lauf beschleunigt. Alsbald biegt er endgültig nach Norden ein, ein Einschnitt nimmt ihn auf, die Lokomotive ist schon nicht mehr zu sehen, nur ihr fernes Schnaufen ist noch zu hören. Einer nach dem anderen winden sich die Wagen in die Krümmung hinein – da, jetzt ist der letzte verschwunden, verschwunden der Siebenundzwanziger für einen ganzen Tag. Aber noch steht das röhrende Auspuffgeräusch der kräftig arbeitenden P 10 in der Luft, der Schall trägt es weit her über das Tal. Die Maschine wird schon den kleinen Haltepunkt Hergisdorf durchfahren haben, um nach Klostermansfeld hinüber zu eilen. Ich kenne die Strecke genau, eine heimtückische Trasse, auf der nicht umsonst die Preußische Staatsbahn und auch die Reichsbahn ihre Lokgattungen ausprobiert haben. Wie viele Maschinen haben hier schon ihre ersten Gehversuche unternommen? Wie viele Hoffnungen von Lokomotivfabriken und Konstrukteuren haben sich hier erfüllt oder sind zerronnen? So mancher brave Lokführer hat die böse Ecke bei Siersleben inmitten der 15 km langen Steigung 1:100 von Sandersleben nach Mansfeld verwünscht oder ist erst nach kurzem Stoßgebet in die Rampe bei Klein Schierstedt eingefahren. Die Bahn steigt von Güsten bis Hergisdorf um fast 200 Meter. Die Gedanken begleiten den Zug auf seiner Talfahrt, während ein letztes Mal ein ganz schwacher Ton herüberweht, ein Ahnen mehr, wie es nur das geübte Ohr des Eisenbahnfreundes vernimmt.

Alles um uns ist Geschichte, das Heute ist ohne das Gestern nicht denkbar. Wie viele denkwürdige Ereignisse sind doch mit der vor mir liegenden Bahntrasse verbunden! Hier kraxelte an jenem historischen Augusttag des Jahres 1906 die allererste P 8-Lokomotive mit ihrem 400 t schweren Versuchszug, das sind 12 D-Zugwagen, herauf. Auf der Rampe bei Siersleben gelang ihr der außergewöhnliche Erfolg, den schweren Zug von 46 auf 70 km/h zu beschleunigen. Bereits hinter Güsten hatte sie eine Minute lang 1980 PSi erreicht! Die gesamte Fachwelt geriet damals in Begeisterung ob dieser glänzenden Leistung.

Die Phantasie geht mit mir durch. Da hätte man dabei sein müssen, sich von dem Erlebnis des mit donnernden Auspuffschlägen zu Berg tobenden Zuges packen lassen und die Siegesfahrt der Heißdampflokomotive mitzuerleben, die so entscheidend für die Entwicklung des deutschen Maschinenwesens geworden ist.

Es ist immer wieder wunderbar zu beobachten, in welchem Maße selbst ein so unbedeutender Haltepunkt wie dieses Hergisdorf seinen festen Platz im Ablauf des Bahnbetriebes einnimmt, und sei es nur als Orientierungspunkt für den Erleichterungsseufzer der Lokomotivmannschaft am Ende der Bergfahrt: »Na, Gott sei Dank!«

Nun ist wieder Stille um mich herum.

Die Schatten sind noch länger geworden, die östliche Berglehne über dem Tunnelportal liegt schon ganz im Dämmerlicht. Die Sonne will hinter dem Annaröder Wald verschwinden, Zeit, sich auf den Weg zu machen. Es ist noch ein gutes Stück zu marschieren, bis der Wolferoder Bahnhof erreicht ist.

Aber erst muß ich noch den 327 betrachten. Er folgt dem D 27 als sogenannter Flügelzug in zehn Minuten Abstand, daher auch die abgeleitete Zugnummer. In Sangerhausen übernimmt er den Kurswagen aus Frankfurt und bringt ihn nach Halle hinüber als D 327.

Da – ohne daß ich sein Kommen gewahr geworden wäre – poltert er aus dem Tunnelmund heraus. Geschwind arbeitet seine P 8-Lokomotive, ihre Auspuffstöße folgen immer dichter aufeinander, denn die Garnitur ist kurz und das Zuggewicht gering. Der Packwagen, drei D-Zugwagen preußischer Bauart und zum Schluß der Kurswagen, als einziger voll besetzt. In Sekundenschnelle ist der Zug vorübergeeilt – ein letztes Grollen noch – aus – vorbei.

Rüstig steige ich den Pfad empor, den vorhin der Schäfer genommen hat. Der Wald nimmt mich auf, ich wende mich noch einmal um. Die Farbenpracht, in welche die untergehende Sonne das Land taucht, ist unbeschreiblich schön. Über den roten, braunen, gelben und grauen Farben stehen ganz in der Ferne die blauen Schatten der Harzberge. Wie eine im Sandkasten aufgebaute Spielzeugstadt erscheint Kreisfeld im Tal.

Der Waldweg ist kurz, der Weg tritt alsbald heraus, führt am Rande des Forstes an duftenden Wiesen entlang, über welchen die ganze schimmernde Herrlichkeit des Spätsommerabends schwebt. Ein schwacher Dunst entsteigt dem Boden, feine, duftige weiße Schleier bilden sich, dort, wo hinter Buschwerk oder am Waldessaum lange dunkle Schatten sich dehnen.

Laut und kräftig, aus vollem Halse, beginne ich zu singen, Worte jener wundervollen Schubertschen Melodie:

O wie schön ist deine Welt, Vater, wenn sie golden strahlet. - - -

Aus der Ferne dringt das Tuckern einer zu Berg fahrenden G 12-Lokomotive herüber. Man hört die Wagen an den Schienenstößen taktmäßig klappern. Es ist das einzige Geräusch in dem tiefen Frieden, der noch über dieser Welt liegt, ein Friede, der ewig und unverrückbar erscheint, der wie eine Offenbarung wirkt und das Herz höher und weiter schlagen läßt vor beseligendem Glück, all dieser göttlichen Herrlichkeit teilhaftig werden zu dürfen. Ich muß lachen, wenn ich an die Häsin denke, die nachher bei der gemeinsamen Abendmahlzeit ihrem Ehegemahl zurufen wird: »Hast du gehört, Mümmelmann? Vorhin ist ein singender Narr durch den Wald gegangen!« –

Grunewald

Wer unter der Überschrift dieses Kapitels vermuten sollte, ich wolle dem beliebten Berliner Erholungsgebiet einen Besuch abstatten und etwa an der bekannten »Holzauktion« teilnehmen, der befindet sich entschieden auf dem Holzwege. Eigentlich bekomme ich schon jetzt Gewissensbisse ob dessen, was ich berichten möchte, weil es nämlich ein Loblied auf die – preußische Ostbahn werden soll.

Preußische Ostbahn? – Grunewald?

Zwei Dinge, die so viel miteinander zu tun haben wie etwa eine Bratpfanne mit einem Gartenzwerg. Beide berühren sich zwar in der Stadt Berlin selbst, ihre Verbindung dürfte aber über ein gemeinsames Erwähnen in einem Reiseprospekt nicht hinauskommen. Und doch glaube ich, in den Augen manches Gleichgesinnten der älteren Jugend ein verstehendes Augenzwinkern zu beobachten, ein »gewisses Lächeln«, das von einem tieferen Wissen um die Dinge kündet und mir Mut verleiht, in meiner Berichterstattung fortzufahren.

Die von Berlin aus über die Ostbahn, also über die Strecke nach Küstrin – Landsberg – Kreuz – Schneidemühl fahrenden Züge wurden in der Regel mit Maschinen des Bahnbetriebswerkes

Grunewald bespannt. Das ist in Anbetracht der heutigen politischen Situation nicht mehr so ohne weiteres verständlich, denn mit dem Berliner Eisenbahnwesen hat es eine eigene Bewandtnis. Während die Züge, die aus dem Süden oder dem Norden unseres Vaterlandes nach Berlin rollten, in Kopfbahnhöfen endeten – im Süden der Potsdamer-, Anhalter- und Görlitzer Bahnhof, im Norden der Lehrter- und Stettiner Bahnhof –, wurden die Ost-West-Züge über die Ferngleise der Stadtbahn geleitet. Mit dem Namen »Stadtbahn« meint man eisenbahntechnisch die zwischen den Bahnhöfen Ostkreuz und Westkreuz liegende Eisenbahnstrecke, die das Zentrum von Berlin durchzieht und aus zwei Ferngleisen und zwei Vorortgleisen (für die S-Bahn) besteht. Die Züge Richtung Westen, vorwiegend Hannover, wurden im Schlesischen Bahnhof (dem heutigen Ostbahnhof) eingesetzt und vom Bahnbetriebswerk Karlshorst (auch Berlin Rga genannt) bespannt. Sie hielten in der Regel in den Bahnhöfen Alexanderplatz, Friedrichstraße, Zoo und Charlottenburg. In umgekehrter Richtung begannen die Züge Richtung Küstrin und Frankfurt/Oder ihren Lauf in Charlottenburg. Für sie war, wie bereits erwähnt, das Bw Grunewald zuständig. Sie passierten die genannten Bahnhöfe in entgegengesetzter Reihenfolge. Start und Ziel wurden für all diese West-Ost-Züge auf den Richtungsschildern und im Fahrplan kurzerhand mit »Berlin-Stadtbahn« bezeichnet. Der Fahrgast konnte wählen, auf welchem Bahnhof er den Zug besteigen oder verlassen wollte, ein zwar für den Provinzler nicht ganz durchsichtiges, aber desto einfacheres Verfahren.

Wenn ich also an einem warmen Sommertag – ich befand mich seinerzeit zwecks Eindringens in die Geheimnisse der Wissenschaften in Berlin – auf der Ostbahn nach Rehfelde hinausfuhr, vom Bahnhof aus am Sägewerk vorbei den sandigen Fußweg Richtung Osten wanderte, dann gab es viele vorüberfahrende Eil- oder Schnellzüge, an deren Lokomotivführerhaus der bekannte Name glänzte, der für mich heimliches Symbol jener Strecke geworden ist: Grunewald. Ich habe den Grunewalder Lokomotiv- bestand nicht nur im Bahnbetriebswerk, sondern genauso draußen auf der Ostbahn kennengelernt, die meisten Lokomoti- ven allerdings nur von außen, eine jedoch auch aus der Führer- standsperspektive, wovon noch zu berichten sein wird.

Es soll aber erst von der Ostbahn die Rede sein.

Um die Bahnstrecken ist es schon ein merkwürdig Ding. Manch- mal geht es mit ihnen wie mit den Menschen. Man spricht nur von denen, die »im Lichte stehen«. Und das sind nicht immer die besten, wie denn wahre Schönheit sich in der Stille bildet und auch nur in Stille und Verborgenheit zu finden ist. Ich ziehe so manche abseitige Bahnlinie den weltbekannten, in der Gunst des Publikums hoch im Kurs stehenden Rollbahnen vor, wenngleich letztere in puncto Fahrkomfort zweifellos Vorzüge zu bieten haben. Damit soll nun keineswegs gesagt werden, die Ostbahn sei eine zweitklassige Nebenbahn gewesen. Das Gegenteil ist der Fall. Sie war eine der wichtigsten, wenn nicht die bedeutendste Verbin- dung nach West- und Ostpreußen überhaupt. Für die jüngeren Eisenbahnfreunde, denen diese Namen böhmische Dörfer sind, sei hinzugefügt, daß die Ostbahn, wie bereits erwähnt, über Küstrin – Schneidemühl weiter nach Dirschau, Marienburg und Königsberg verläuft. Sie hat in diesem heute zu Polen gehörigen Gebiet nicht mehr die Bedeutung wie früher, weil die Verkehrsströme eine andere Orientierung erfahren haben. Bis zum Ende des zweiten Weltkrieges gehörte sie jedoch zu den wichtigsten deutschen Hauptbahnen.

Ich habe nie vernommen, daß auf die Ostbahn ein Loblied gesungen worden wäre, wie denn des Heiligen Römischen Reiches Streusandbüchse – eine von alters her treffende Bezeichnung für die Mark Brandenburg – in ihrer großen Naturschönheit sich nur dem Kenner erschließt. Von den drei bedeutenden in das nördliche und östliche Brandenburg fahrenden Bahnen, der Nordbahn, der Stettiner Bahn und der Ostbahn, mögen die beiden ersteren hinsichtlich der Schönheit ihrer Streckenführung und der landschaftlichen Reize an der Spitze stehen, mir hatte es die Ostbahn angetan, vereinigte sie doch in so beeindruckender Weise die drei charakteristischen Elemente des Landes: Himmel, Sand und – Kiefern.

»Die Ostbahn, det is meine stille Liebe«, hörte ich einmal einen alten Lokführer des Grunewalder Bahnbetriebswerkes sagen, »ick bin uff die Ostbahn jroß jeworden, ick jehöre zu ihr wie die Blumenfrau uff den Potsdamer Platz. Un wenn ick mal pensioniert bin, denn bau ick mir 'ne Jartenlaube raus nach Hoppegarten, von wo ick immer uff die Strecke kieken kann.«

Ich habe manchmal ein wenig Heimweh nach der Ostbahn. Ist es nun Heimweh, ist es Sehnsucht nicht nur nach den stillen Kiefernwäldern der Mark, nach den dunklen träumenden Waldseen, nach der bezaubernden Landschaft der Stille, der Ruhe, der Besinnung, oder ist es Sehnsucht nach etwas, an dem die Träume der Jugend hängen, die so wenig in Erfüllung gegangen sind, wie es mit Träumen zu gehen pflegt? Ist es die Freude, die mir diese Bahnstrecke

147

in wahrhaft entspannenden Momenten während einer Zeit großer seelischer Belastung gegeben hat? Ich war damals das erstemal von zu Hause fort, das erstemal allein auf mich gestellt in der »Fremde«. Ich mußte allein mein Schicksal meistern, ob gut oder schlecht. Es war die Zeit, als die Wirklichkeit des Lebens sich alles andere als liebenswürdig erwies, vielmehr brutal manches Hoffen zerstörte, so daß nur das eine übrigblieb: Die Sehnsucht nach etwas Unwiederbringlichem.

So sage ich heute:

»Die Ostbahn, det is ooch meine stille Liebe!«

Am Sonntag entfloh ich dem Hexenkessel Berlin, der brodelnden Riesenstadt, entfloh dem Zwang der Pflicht, aber auch dem Joch, das jene Ideologie damals dem einzelnen auferlegte, um das Köstlichste, was das Leben zu bieten hat, zu beschneiden: Die Freiheit. Dann fuhr ich zum Schlesischen Bahnhof, bestieg dort den Bummelzug in Richtung Küstrin oder Schneidemühl. Oder ich fuhr mit der S-Bahn nach Strausberg. Dort stand schon der alte Speichertriebwagen (heute ETA 177) bereit, der dann lustig nach Dahmsdorf-Müncheberg rumste und bullerte. Oder ich fuhr nach Werbig – je nach der Finanzlage – oder nach Trebnitz, nach Küstrin, nach Tamsel, wie viele Orte sind es, die ich erwandert, die ich erlebt habe. Wie viele Stunden habe ich dem stillen Frieden dieser Landschaft gelauscht, auf dem Rücken im hohen Gras am Bahneinschnitt liegend, in den Himmel blinzelnd und jene warme, erdige, vom schweren Harzduft der Kiefern betörend duftende Luft in mich einsaugend, wie um etwas festzuhalten, was bald nicht mehr sein würde.

Dann unterbrach fernes Rollen die Stille, ein Zug kündigte sich an. Aus der flimmernden Ferne des Sonnentages löste sich ein schwarzer Punkt, aus Ost, aus West, man konnte die meist schnurgeraden Streckenabschnitte weit übersehen und schon lange das gleichmäßig klingende Anschlagen des ersten Räderpaares der Lokomotive hören. Dann dröhnte er heran, der Zug, an der Spitze meist eine preußische S 10¹-Schnellzuglokomotive, die in jenen Jahren vor dem zweiten Weltkrieg noch stark den Verkehr auf den östlichen Strecken beherrschte, manchmal auch eine 03, vor Personenzügen immer eine P 8. Baureihe 38^{10}.

Merkwürdig, den Fahrplan auf der Ostbahn habe ich noch heute im Kopf. Vormittags gegen ein halb neun Uhr brauste der D 3 nach Königsberg – Insterburg, meist von einer 03 geführt, vorüber. Ihm folgte gegen 10 Uhr der D 1, den ich immer mit einer oder zwei S 10¹ erlebt habe. Der Vormittagseilzug aus Schneidemühl, der E 86, war mit einer S 10¹ bespannt. Auch das Nachmittagsprogramm ließ nichts zu wünschen übrig. Gegen 14 Uhr kam der D 16 aus Königsberg und drei Stunden später der D 2 mit direkten Kurswagen aus Riga und den baltischen Staaten. Er begegnete gegen 15 Uhr bei Küstrin dem D 15, Berlin-Königsberg. Dazwischen die Masse der Personenzüge und Güterzüge, die indessen jedoch bei weitem nicht die Dichte wie etwa auf den westdeutschen Strecken aufwiesen.

Die Lokomotiven, besonders die S 10¹, wurden mir bald so vertraut, daß eben heute Grunewald und die Ostbahn unzertrennliche Begriffe für mich sind. Da rasselten die Maschinen der Bauart 1911 und 1914 heran bis zu den Zwölfhundertern herauf Es gibt wohl keine, die ich nicht wenigstens einmal zu Gesicht bekommen habe, manchmal sogar in Doppeltraktion.

Im Bahnhof Dahmsdorf-Müncheberg konnte man draußen im Freien sitzen, das Glas Schultheiß-Patzenhofer vor sich, mit dem Blick auf das Treiben des Bahnsteiges, das meist gar kein Treiben, sondern eine höchst gemütliche Angelegenheit war. Ab und zu schrak man auf, wenn man vergessen hatte, in den Fahrplan zu blicken und plötzlich der Bahnhof unter dem Dröhnen eines vorbeirasenden Zuges in allen Fugen erzitterte. Noch schöner war das heisere Geschnauf des kleinen Bähnchens zu hören, das vor dem Bahnhofsgebäude stand – als Privatbahn war ihm der Zutritt zu den geheiligten Gleisen der Staatsbahn nicht gestattet. Aus dem hohen Schlot der T 3-Lokomotive quollen dicke braune Wolken voll herrlichen Eisenbahnduftes. Wenn der Berliner oder Küstriner Anschlußzug herein war und die Abfahrtszeit des Bähnchens heranrückte, dann ließ ich mir das Schauspiel des in »See-Stechens« nicht nehmen. Die Fülle des brodelnden Qualmes nahm noch zu, die Türen an den zwei Wägelchen, einer davon zur Hälfte Packwagen, klappten, der brummbärtige Zugführer blies in seine Pfeife, dann quälten sich weiße Dampfstöße in bedächtiger Folge aus dem Schlot heraus und es klang, als wenn ein alter, vom berufsmäßigen Kläffen heiser gewordener Hofhund bellen wollte und doch keine rechte Neigung mehr dazu verspürte:

»Waff – – waff – – waff – waff – waff – waff«

Die Wagen schepperten vorüber und alsogleich trat die unvermeidliche Bimmel in Tätigkeit. Am Richtungsschild des Personenwagens konnte man den Namen »Hasenfelde« lesen.
Man sollte dieses Wort ganz langsam aussprechen, sozusagen auf

der Zunge zergehen lassen. Drückt dieser Name allein nicht eine ganze Milchstraße von Gefühlen aus?

Hasenfelde!

Das Bähnlein war schon lange verschwunden, als noch immer das köstliche Aroma in der Luft lag, jener Duft von sich niederschlagendem Lokomotivenrauch. Worauf der Wanderer beseligt zu seinem Labetrank zurückkehrte, in welchem gewöhnlich eine vorwitzige Wespe angstvoll Schwimmversuche angestellt hatte.

Mit dem Bahnhof Dahmsdorf-Müncheberg verknüpft sich eine kleine Episode, die zwar alles andere als welterschütternd ist, aber dennoch in das große Kapitel der Eisenbahnnarretei hineingehört.

Daß ich auf den Maschinen des Bahnbetriebswerkes Karlshorst mehrfach Gelegenheit hatte mitzufahren, habe ich an anderer Stelle bereits erwähnt. Ein wenig gute Beziehungen halfen mir dabei, denn normalerweise gelangt man nicht ohne weiteres auf den Führerstand und damals schon gleich gar nicht, als auch die Eisenbahn aus Führern und Geführten bestand.

Nun bin ich zwar genügend im Grunewalder Bahnbetriebswerk herumgestrolcht. Das war um so interessanter, als damals dem dortigen Ausbesserungswerk die Versuchsanstalt für Lokomotiven angeschlossen war und es mancherlei zu sehen gab, wenn gerade ein Versuch lief. So konnte man öfters eine 05-Lokomotive mit dem Meßwagen und der alten 17 107 als Bremslokomotive dahinter beobachten. Alle Neubauten tauchten zuerst in Grunewald auf, ich denke besonders an die ersten 41er und 45er, deren verstellbare Achslastausgleicher uns alle sehr interessierten. Aber nur ein einziges Mal hatte ich Gelegenheit, auf einer Grunewalder

Maschine eine Fahrt auf der Ostbahn mitzumachen und mir mein Wanderrevier vom Führerstand aus zu betrachten. Die Sache hatte sich mehr durch Zufall ergeben, das Thema einer anzufertigenden schriftlichen Arbeit verhalf mir zu einer Fahrt auf dem Führerstand »studienhalber«.

Es war einer jener warmen Julitage, die schon in den frühen Morgenstunden Außerordentliches an Wärmegraden versprechen. Die Sonne »ballerte« vom Himmel, um einen Ausdruck der Landessprache zu gebrauchen. Die Schul- und Semesterferien hatten eben begonnen, der Betrieb auf den Berliner Bahnhöfen war dementsprechend, als ich mich zur Mitfahrt auf der Lokomotive des D 1, Berlin Stadtbahn – Küstrin – Schneidemühl – Marienburg – Königsberg – Insterburg – Eydtkuhnen pünktlich 9.15 Uhr auf dem Fernbahnsteig B des Schlesischen Bahnhofes einfand. Der Bahnsteig war »knüppelvoll«, beim Anblick der vielen Koffer, Taschen und sonstigen Reisebehältnisse einschließlich Kinderwagen und deren Inhalt war ich heilfroh, die Anwartschaft auf einen Logenplatz auf dem Führerstand zu besitzen. Ich hatte mich außerhalb der Halle aufgestellt, denn der Zug mußte, dem Andrang nach zu urteilen, recht lang sein. Er war es auch. Die Wagenschlange, die hinten um die Kurve an der Breslauer Straße gekrochen kam, schien kein Ende zu nehmen. Das mußten gut und gerne 14 bis 15 D-Zugwagen mit wenigstens 600 t Gewicht sein, also genau das Richtige für einen Eisenbahnnarren, und ich beglückwünschte mich heimlich ob meines guten Riechers für den D 1.

Schon während der Zug in die Halle einlief, begann das übliche Rennen und Hasten, das Mit-dem-Zuge-Laufen der Reisenden.

Doch halt, was war das? Hinter der Lokomotive noch eine zweite? Vorspann! Welch ein Glück! Ich hätte laut hurra schreien mögen. Nun, kein Wunder bei dieser Zuglänge. Noch nie hatte ich Gelegenheit gehabt, Vorspann zu fahren, daher bestand kein Zweifel, daß ich den Führerstand der Vorspannlokomotive wählen würde. Es war die 17 1058, Zuglokomotive war die 17 1111, deren auffällige Betriebsnummer allenthalben belächelt wurde und die außerdem dadurch von ihren Schwestern abstach, daß sie einen Speisedom besaß; beide Maschinen gehörten also der geliebten Gattung S 10^1, Bauart 1911, an. »So, so, Se woll'n also mitfahren?« knurrte mich ein langer, brummiger Lokführer an, und ich hörte deutlich aus dem Klang seiner Worte das »Du hast mir gerade noch gefehlt« heraus. Ja, auf solchen Empfang muß man schon gefaßt sein, unerwünschte Gäste sind nie willkommen, und Lokführer lassen sich gar nicht so gern über die Schulter sehen. In meinem Falle war es ein alter Stratege mit grauem Schnurrbart. Er hat auf der ganzen Fahrt wenig gesprochen, das wenige dafür aber um so deutlicher, wie wir noch erfahren werden. Wesentlich lebhafter, beinahe quecksilbrig, gab sich der Heizer, ein junger Mann, der aber sein Handwerk ausgezeichnet verstand, wie ich bald merken konnte. Für ihn gab es ständig etwas herumzufummeln, und Sitzfleisch fehlte ihm gänzlich. War der Kessel versorgt, hantierte er mit der Putzwolle umher mit dem Erfolg, daß es auf der 17 1058 wie geleckt aussah.

Dennoch war auch seine erste mißtrauische Frage:

»Sind Se vom Maschinenamt?«

Meine Verneinung stimmte ihn sichtlich freundlicher, und im Verlaufe der Reise sind wir alle drei noch »warm« miteinander geworden. Von der Tenderbrücke aus schaute ich mir das Treiben auf dem Bahnsteig an. Der Wagenmeister hantierte mit seinem langen Hammer hinten am Zuge. Schließlich kam der Zugführer nach vorn getrabt, wechselte einige Worte mit dem anderen Lokführer und rief uns dann zu:

»Der Wagenmeister kann nischt finden.«

Unser »Meister« (so heißt der Lokführer in der Eisenbahnersprache) brummelte etwas Unverständliches als Antwort. Dunkel war der Rede Sinn. Was konnte der Wagenmeister nicht finden! Offenbar war irgend etwas nicht in Ordnung? Große Ereignisse warfen bereits ihre Schatten voraus.

Es ist immer wieder erstaunlich, wie schnell sich ein Bahnsteig leert und was so alles in einen Zug hineingeht. jedenfalls waren in kurzer Zeit alle Fahrgäste verschwunden, zurück blieben allein die Angehörigen. Nun, wie's im Zuge drin aussah, ging mich nichts an, es war mir auch – frivolerweise sei's gesagt – außerordentlich gleichgültig. Ich hatte ja meinen Platz.

Der muntere Heizer feuerte tüchtig, das Ausfahrtssignal zeigte frei, der Abfahrtspfiff ertönte, der Lokführer griff zum Handhebel für den Druckausgleicher – der Anfahrhilfe für die S 10^1-Vierzylinder-Verbund-Maschinen, die ermöglicht, daß zum Anfahren die Niederdruckzylinder Frischdampf zugeführt erhalten – und zum Regler, dann kam der feierliche Augenblick, der für den Zaungast jedesmal mit einem kleinen wohligen Schauder verbunden ist – wir fuhren. Ich finde, das sind immer die prickelndsten Augenblicke, wenn das wohlvertraute Zischen des Dampfes aus den Zylinderhähnen ertönt und der erste Auspuffstoß zum Himmel tobt. In unserem Falle ging es doppelt spannend her, da zwei Maschinen losdampften. Vorspann fahren erfordert beträchtliche Erfahrung, beide Lokomotiven müssen gleichzeitig anziehen, sonst besteht neben Schleudergefahr auch die Möglichkeit von Zerrungen. Es ist schon eindrucksvoll, aus dem Führerhaus einer anfahrenden Dampflokomotive nach vorn zu schauen, auf das dumpfe Auspuffgeräusch zu lauschen, noch schöner, wenn es sich hinter dem Tender in zweiter Auflage wiederholt. In der Krümmung bei Einfahrt in den Hauptstrang ist das schwere Arbeiten der beiden Maschinen zum Greifen nahe zu erleben. Das sind packende Augenblicke, die wohl jedem ein erhebendes Gefühl vermitteln, dabei sein zu dürfen, mag man es nun zugeben oder nicht. Der »Meister« hatte die Druckausgleicher geschlossen und die Steuerung zurückgenommen, der Heizer feuerte fleißig, damit der Dampfdruck am roten Strich blieb. Ich konnte mich von dem Blick nach rückwärts zu der langen Zugschlange und der zweiten Maschine kaum lösen. Das Bild mag aber auch für den Beschauer grandios gewesen sein, zwei mit ganzer Kraft losdonnernde Sdinellzuglokomotiven, denn allenthalben sah ich, an der Warschauer Straße, am Ostkreuz, die Leute interessiert dem prächtigen Schauspiel folgen. Für diejenigen unserer Leser, denen die preußische S 10[1] kein Begriff mehr ist, sei kurz erwähnt, daß es sich um 2'C gekuppelte Vierzylinder-Verbund-Schnellzuglokomotiven mit 1,98 m Treibraddurchmesser handelte. Es gab zwei Bauarten dieser Type, die sich geringfügig unterschieden. Lok 17 1058 gehörte der Bauart 1911 an, deren Hauptmerkmal das vom Führerhaus bis zur Pufferbohle eine Linie bildende Umlaufblech war, das nur die Treibräder, geschützt in Radkästen liegend, durchbrachen. Die S 10[1] war die glücklichste Lokomotivkonstruktion der Preußischen Staatsbahn und gehört in jeder Beziehung zu den besten deutschen Dampflokomotiven. Im Herzen jedes rechten Lokomotivnarren nimmt sie neben der bayrischen S 3/6 den ersten Platz ein, und ich schätze sie noch heute über alles.

Unsere Lokomotiven beschleunigten gut. In Ostkreuz hatten wir bereits 60 km/h erreicht und fuhren zügig in die Hauptstrecke hinein Richtung Kaulsdorf, Mahlsdorf. Unser Heizer zeigte sich unermüdlich am Werk, spitzen Dampfdruck zu halten. Es war wieder einmal eine Lust, sich an der Klapptür zum Führerhaus hinauszulehnen und den Fahrtwind um die Nase wehen zu lassen. Der Blick konnte weit in die Ferne schweifen. Die Wohngebiete im Osten Berlins sind sehr aufgelockert, Siedlungen wechseln mit Gartenkolonien, und ein Ort gleicht im Grunde dem anderen, ob Mahlsdorf, Hoppegarten, Neuenhagen oder Fredersdorf. Die S-Bahn-Gleise begleiteten uns ein Stück. In Strausberg endete ihr Lauf.

75 km/h zeigte der Tachometer, als wir durch Strausberg rasselten und ich im Vorbeiflug einen Blick auf die Kleinbahn nach Herzfelde zu erhaschen suchte, die mit Lokomotiven der Bauart ELNA betrieben wurde. In Strausberg beginnt die lange gerade Strecke, die erst beim Dorfe Schlagenthin ihre Richtung ändert. Unser Heizer stieß mich vergnügt grinsend an.

»Det jibt aba heute 'n Lüfteken, Herr Nachbar. Ick freu' ma jetzt schon uff den Durscht. In Schneidemühl könn' Se mir mal an die Jurjel lauschen, wenn ick die erste Molle runtazischen lasse. Ick sache Ihnen, 'ne Oper von Wagner is een Jassenhauer jejen det Gefühl, wat ma da ankommt!«

Das wollte ich ihm gut und gerne glauben, denn das Wasser stand ihm bereits jetzt auf der Stirn. Wenn er doch nur das ewige Herumgefummel mit der Putzwolle hätte sein lassen wollen. Ich berlinerte vor mich hin: Reenewech fusselig kann man dabei werden! So hätte nun die Fahrt in aller Gemütsruhe weitergehen können. Normalerweise tut sie das auch.

Unsere aber tat's nicht.

Wir waren eben durch den Bahnhof Rehfelde gepoltert, hatten inzwischen 80 km/h erreicht, plötzlich – ein Zischen, aufheulende, knirschende Bremsklötze, ein Quietschen, jaulen, die Maschine zitterte in allen Fugen, der Zeiger im Luftdruckmesser setzte zum Sturzflug an, der Lokführer sprang auf, ein Griff zum Führerbremsventil – Schnellbremsung – Regler zu – rummmms – – – der Zug stand. Beim Fahren mit zwei Lokomotiven bedient der Führer der Vorspannlokomotive die Luftdruckbremse. Die Luftpumpe fing wie rasend zu arbeiten an: Tammtah-tammtah-tammtah-tammtah – –.

»Nu kiek dir den Salat an!« Unser schweigsamer Lokführer lehnte aus dem Fenster. »Det is der lausige Speisewagen. Ick habe et ja jeahnt, det et so kommen mußte!«

Was hatte er geahnt? Was mußte so kommen?

»Der Speisewagen!« rief der Führer der zweiten Maschine uns zu, der mitsamt seinem Heizer weit aus dem Fenster lehnte. Der Zugführer stolperte draußen auf dem Schotter herum, die Wagenreihe entlang nach hinten. Dort hantierte bereits der Schaffner.

Der Lokführer klärte mich auf:

»Se müssen nämlich wissen, wir hatten schon in Charlottenburg Trödel mit dem Speisewagen bei der Bremsprobe. Aber der

Wagenmeister behauptete partout, es wäre alles in Ordnung. Nun ham wa den Salat. Wat nu?«

Hinten machten sich Zugführer und Schaffner am Speisewagen zu schaffen. Ich konnte kaum Einzelheiten erkennen, weil er sich sehr weit hinten befand. Doch merkte man, wie die Luftpumpe wieder füllte.

»Lösen!« winkte der Zugführer von hinten. Unser Meister betätigte das Bremsventil. Die Experten hinten krochen fast unter den Wagen. Doch dann winkte der Zugführer.

»Abfahrt!« – War wieder alles in Ordnung?

Kopfschüttelnd griff der Lokführer nach dem Pfeifenzug. Ein kurzer Pfiff, Druckausgleicher und Regler auf, schwer begannen die beiden Maschinen zu arbeiten, den langen Zug in Gang zu setzen.

»Was ist denn am Speisewagen nicht in Ordnung?« wagte ich den Lokführer zu fragen.

»Jenau habe ick det ooch nich erfahren. Die Bremsleitung scheint defekt zu sein, vielleicht ist ein Rohr nicht mehr dicht oder der Luftbehälter schadhaft. Jetzt hält die Luft wieder, aber passen Se auf, sowie der Wagen 'nen kleinen Schlenker kriegt, ist wieder Feierabend. Se werden's noch erleben. Und wir mit.«

Was bin ich für ein schlechter Mensch. Da freute ich mich doch tatsächlich über das Mißgeschick des Tages. Normalerweise passiert nämlich auf der Lokomotive rein gar nichts, und auf dem Führerstand gibt es kaum Abwechslung. Der Laie stellt sich das immer wunder wie spannend vor. Das mag auch für den Zaungast, der das erste Mal auf der Maschine fährt, der Fall sein. Aber von Mal zu Mal stellt man fest, daß auch das Maschinistenamt Routinesache ist und eine Fahrt recht sang- und klanglos verläuft. Außer den wechselseitigen Zurufen der beiden Männer über den Stand der Signale: Block frei! – Frei! – wird häufig noch nicht einmal gesprochen. Nun, es wäre auch noch schöner, wenn nicht alles wie am Schnürchen laufen wollte.

Um so interessanter, wenn man einmal das Glück hat, einen Blick auf die unvorhergesehenen Überraschungen des Bahnbetriebes zu werfen. Und heute schien noch mancherlei auf dem Programm zu stehen.

Wir kamen wieder rasch in Fahrt, denn alsbald senkte sich die Strecke und verlief in stetigem Gefälle in das Rote Luch hinab, ein sumpfiges Wiesental zwischen den Bergen der Sieversdorfer Heide, das auf hohem Damm zu überqueren war, um auf der Gegenseite zu den Höhen der sogenannten Märkischen Schweiz emporzusteigen. Die alten Grunewalder Maschinenmänner werden das Gelände noch bestens kennen. Die Gegend ist hier überaus reizvoll und bestätigt aufs neue, wie viel Schönheit die Berliner Umgebung birgt. Das Rote Luch zieht sich weit ins Land vom Scharmützelsee im Norden bis fast zum Möllersee im Süden bei Erkner. Übrigens verbindet sich eine Besonderheit mit ihm. Die Berliner haben ihren Müll jahrelang dorthin gefahren, und so erhebt sich nun zu beiden Seiten der Bahntrasse mitten im Tal ein ansehnlicher Monte Scherbelino. Der Berg ist jedoch inzwischen weitgehend bewachsen.

Die Nadel des Geschwindigkeitsmessers kletterte lustig aufwärts, als wir bei gedrosseltem Regler den Berg hinabrauschten. In der Mitte des Tales wurde er wieder ganz geöffnet und beide Maschi-

nen schickten sich an, mit Volldampf die Steigung nach Dahms-
dorf hinauf zu nehmen.

Das Schicksal war jedoch dagegen.

Wir hatten eben den Schrankenposten am Sieversdorfer Weg
passiert und fuhren in den langen Einschnitt hinein, da - Zischen
- Rauschen - Aufheulen der Bremsklötze - Schnellbremsung -
mit einem Ruck stand der Zug abermals.

Wütend knallte der Lokführer den Regler zu und funkelte mich
an, als ob ich der Schuldige sei:

»Wat sachen Se nu? Habe ick et nich jeahnt? Aba nee, unsaeena jilt
ja nischt bei den Herren! Dafür kriegen wa jetzt 'ne saftige Vaspä-
tung!«

Er brummelte und knurrte immer weiter, während er die Nase aus
dem Fenster steckte. Hinten am Zuge war die gleiche Vorstellung
wie vorhin wieder im Gange. Allenthalben öffneten sich die
Fenster, die Fahrgäste schauten heraus. Das Zugpersonal mag
wohl allerlei schmeichelhafte Bemerkungen einstecken haben
müssen. Unglücklicherweise setzte jetzt auch jenes Rauschen ein,
das als Vorbote nahenden Abblasens der Sicherheitsventile gilt.
Denn die Heizer hatten ordentlich aufgeworfen, und der auf 15
atü hochgespannte Dampf suchte nach einem Ausweg.

Der Zugführer kam alsbald nach vorn.

»Hat keinen Zweck mehr, wir müssen den Speisewagen in Dahms-
dorf aussetzen. Die Bremsleitung ist kaputt. Also Halt in Dahms-
dorf, und Vorsicht, ich habe die Leitung vor dem Speisewagen
abgesperrt.«

Damit lief also der Tragödie zweiter Teil. Es wiederholte sich alles
wie hinter Rehfelde mit dem Unterschied, daß jetzt die Maschi-

nen schwer arbeiten mußten, den Zug in der Steigung in Gang zu bringen. Insofern war die Situation ganz unglücklich, wir hielten ja direkt am Fuße der Steigung. Schwer und hart wummerten die Auspuffschläge, mühsam und bedächtig setzte sich der Zug in Bewegung, schwarzer Qualm zog aus den Schornsteinen in die Höhe, einen dunklen Rauchpilz bildend. Die S 10[1] – Maschinen der Bauart 1911 ziehen sowieso etwas schwer an – der Leser mag sich das Schauspiel selbst in seiner ganzen Dramatik vorstellen. Das muß ein Bild gewesen sein, würdig, für alle Zeiten festgehalten zu werden, zwei mit aller Kraft die Steigung aufwärts donnernde Schnellzuglokomotiven. Solche Augenblicke kann man sein ganzes Leben nicht vergessen, und der Eisenbahnnarr bewahrt sie als kostbaren Schatz in seinem schrulligen Herzen auf.

Eine kleine Kuriosität mag hier noch eingeschaltet sein, weil sie eigentlich charakteristisch für unsere Lokomotivführerfreunde ist. Mir waren vorhin bei Rehfelde schon die argwöhnischen Blicke aufgefallen, die unser »Meister« von Zeit zu Zeit nach hinten zur 17 1111 warf. Der Grund dämmerte mir alsbald. Man soll es nicht für möglich halten, aber beide Lokführer paßten höllisch aufeinander auf – es pflegt bei Fahrten mit Vorspann immer der Fall zu sein –, daß ja keiner weniger zieht als der andere. Denn der Hintermann könnte auf den Gedanken kommen, den Regler zu drosseln, seine Kohlen zu sparen und den Vorspann die Arbeit allein verrichten zu lassen. Was gibt es doch für durchtriebene Füchse unter den Maschinenmännern! Unsere 17 1111 schuftete aber wacker hinter uns drein, und auf ihrer Mannschaft blieb kein Makel sitzen.

Der Stationsvorsteher von Dahmsdorf-Müncheberg mag bald in Ohnmacht gefallen sein, als der D 1 langsam mit zwei angestrengt arbeitenden Maschinen aus dem Einschnitt herauspufft kam, an den Bahnsteig rollte und mit quietschenden Bremsen stehenblieb. Der Aufsichtsbeamte lief aufgeregt hin und her. Ich sah, wie unser Zugführer zum Bahnhofsgebäude rannte und im Dienstraum verschwand. Aha, jetzt kam das obligatorische Gespräch mit der Zugleitung. Nach zwei Minuten erschien ein dienstbarer Geist, der sich gemeinsam mit unserem Schaffner um den Speisewagen bemühte und die Trennung vom Zuge begann. Dieses Spielchen findet beim Bahnpersonal wenig Sympathie, denn die Faltenbälge müssen gelöst und der Durchgang geschlossen werden, ehe abgekuppelt werden kann. Die Reisenden mögen dem Vorgang mit gemischten Gefühlen beigewohnt haben, denn bei der sich anbahnenden Hitze und in Anbetracht der bevorstehenden Mittagszeit auf den beliebten Restaurationswagen zu verzichten, das schienen Aussichten, die der Deutschen Reichsbahn manch frommen Wunsch eingetragen haben mögen.

Der Wagen wurde zuerst hinten abgekuppelt. Dann ertönte der Befehl »Vorziehen!« Es war notwendig, den vorderen Zugteil mitsamt dem Speisewagen bis über die Weiche vorzufahren und den Wagen dann auf ein Rangiergleis abzustellen, worauf die beiden Teile des Zuges wieder zusammengekuppelt werden mußten.

Welch Ereignis für den Bahnhof Dahmsdorf-Müncheberg! Der Schnellzug D 1 mußte halten und sogar rangieren! Ich möchte nicht wissen, welche Hiobsbotschaften sich alsbald in den anliegenden Häusern herumgesprochen haben mögen. Eine Horde

Lausbuben war jedenfalls mit Windeseile zur Stelle. Wir fuhren weit, bis über die Bahnschranke hinaus, unser Lokführer bremste, nach Umlegen der betreffenden Weiche mußte das Signal zum Zurückdrücken folgen.

Es kam aber nicht.

Mag der auf dem Trittbrett des Speisewagens stehende Bahnbedienstete zu aufgeregt gewesen sein, mögen ihn die anzüglichen Bemerkungen eines kritischen und ärgerlichen Reisepublikums irritiert haben, ich weiß es nicht. jedenfalls war nur zu sehen, daß dort hinten, vielleicht zehn Wagenlängen zurück, jemand mit den Armen in der Luft herumfuchtelte. Ich konnte mir beim besten Willen nicht zusammenreimen, was eigentlich gemeint sei.

Für unsern Lokführer schien die Sache indes klarzuliegen, denn er öffnete den Regler.

»Wuwuwuwuwuwuwuwuhhhhhhhh!«

Wie ein Erdbeben durchdröhnte es unsere Maschine, sie erbebte in ihren Grundfesten, in rasendem Lauf schleuderten ihre Räder, daß wir alle erschrocken zusammenfuhren. Der Führer knallte den Regler zu.

Doch schon im gleichen Augenblick tobte hinten die zweite Maschine los, schleuderte rasend, um ihrer vorderen Schwester nichts schuldig zu bleiben, es ruckte und zerrte an unserem Koloß herum, ein schwarzer Rauchpilz schoß zum Himmel empor. Es war ein Drama ohnegleichen.

Wer hat schon einmal einen echten Berliner Lokführer schimpfen hören?

Ich!

Sogar zwei auf einmal.

Damals im Bahnhof Dahmsdorf-Müncheberg vor dem Schnellzug nach Königsberg – Eydtkuhnen.

Ich bin nicht in der Lage, das gesamte Vokabularium jenes Augenblickes wiederzugeben, dazu liegt zu lange Zeit dazwischen. Aus einigen Brocken, die haften geblieben sind, vermag ich höchstens einige Sätze zu rekonstruieren. Beide Lokführer hatten das Signal unterschiedlich verstanden, der eine wollte vor, der andere zurückdrücken. Die Folge war, daß beide Maschinen gegeneinander arbeiteten und demzufolge wild schleuderten. Ach wie köstlich ist doch die Berliner Mundart in ihrem Zorn, so deftig, so unerschöpflich in ihrer Originalität. Unser Lokführer brüllte aus dem Führerhaus nach hinten:

»Der hat doch 'n nassen Hut auf, der dämliche Rangierfatzke, der soll erst mal mit'n Kochlöffel zu Hause bei Muttern üben, bevor er uff die Menschheit losgelassen wird, diese von eenem Laubfrosch gebissene Trauerweide!«

Das Echo von 17 1111 ertönte postwendend:

»Wo andere Leute et Jehirn haben, ham se dem 'ne injeweichte Schrippe rinjesteckt, der soll sich pensionieren lassen und zu Hause Mamas Liebling spielen!«

Worauf unser Meister auftrumpfte:

»Den sollten se als Ritter von die traurige Jestalt im Zirkus Kroneb vorn Sechser Eintritt sehen lassen. Da kann er noch'n reicher Mann werd'n!«

Es war unbeschreiblich aufregend.

Schließlich einigte man sich auf »Zurückdrücken«. Vor sich hinschimpfend kurbelte unser Führer die Steuerung zurück – Pfiff – Druckausgleicher und Regler auf – zischend setzten wir uns nach rückwärts in Bewegung – das Ende der Wagenschlange schwenkte über eine Weiche auf das Nebengleis aus. Jedesmal, wenn ich das bitterböse Gesicht unseres an sich schon brummigen Lokführers sah, mußte ich mir das Lachen verbeißen, besonders als er mich anknurrte:

»Reeneweg 'n Stangenbruch hätten wa kriegen könn' wejen diesem dußligen Karnickel!«

Er hatte allerdings recht, die Beanspruchung des Materials bei derartigem Schleudern ist, noch dazu bei empfindlichen Vierzylinder-Maschinen, außerordentlich hoch und kann zu gefährlichen Materialschäden führen. Alls wir nachher wieder vor dem Zuge standen, haben auch beide Führer und Heizer pflichtgetreu ihre Maschinen nachgesehen.

Der Wagen wurde also abgesetzt, wir zogen wieder vor, die Reise ging dann an die stehengebliebenen Wagen zurück. Es wurde angekuppelt. Die im Zuge mitfahrenden Buben mögen ob der zusätzlichen Verlängerung der Reise nicht wenig gejubelt haben. Als wir wieder am Bahnsteig standen, konnte ich auch den Speisewagen sehen. Es war ein altes sechsachsiges Vehikel. Das Personal schaute vergnügt aus dem Fenster heraus. Schade um die schönen Schnitzel, die etwa schon in der Pfanne geschmort hatten.

Nach dem Ankuppeln die vorgeschriebene vereinfachte Bremsprobe.

Alles war in Ordnung bis auf den Fahrplan, der nun gänzlich durcheinander geraten war. Immerhin hatten wir es auf zwanzig Minuten Verspätung gebracht. Ob sich so viel Zeit noch herausholen ließ?

Ausfahrt frei – Pfiff – zum vierten Male Abfahrt. Mit Volldampf bullerten die zwei Maschinen los, ließen den Bahnhof hinter sich, schnauften nach Obersdorf hinüber, am Teufelssee vorbei. Das Bahnhofsgebäude von Trebnitz warf den Hall der schwer schaffenden Maschinen zurück, als wir vorüberfuhren. In Gusow standen wir auf 90 km/h und rasselten nun in das weite Oderbruch hinein, jenes große Urstromtal, dessen Wiesen und Auen mit den kleinen brandenburgischen Siedlungen sich kilometerbreit hinziehen. Mit 100 Stundenkilometern Geschwindigkeit ging es durch Golzow, wo ich nach dem Oderbruchbähnchen ausspähte. Gorgast folgte, dann wurde bereits der Regler gedrosselt, Küstrin kam in Sicht. Hinter Kietz rumpelten wir durch die Bögen der Oderbrücke, anschließend über den Friedrich-Wilhelm-Kanal, um in Küstrin-Neustadt Hbf nun zum ersten Male planmäßig zu halten.

Noch immer zwanzig Minuten Verspätung. Ich wußte, jetzt begann die Rennstrecke der Ostbahn, eine sehr günstig trassierte Bahnlinie, die immer am Rande des Warthe-, später des Netzebruches entlangführt und wegen ihrer geringen Krümmungen hohe Geschwindigkeiten zuläßt. Die beiden Lokführer verständigten sich, daß versucht werden sollte, einen Teil der Verspätung aufzuholen.

Die Fahrt ging flott voran. Wir beschleunigten ausgezeichnet, am Wasserturm hinter dem Hauptbahnhof vorbei ging es das Gefälle zum Warthetal hinab. Den Bahnhof Tamsel durchfuhren wir bereits mit 90 km/h, um alsbald die 100 zu erreichen. Der Tachometer kletterte nach Durcheilen der Stolberger Kurve auf 115 km/h.

Es war ein Wettlauf mit der Zeit. Aber es erwies sich auch, daß unser Meister trotz seiner Bärbeißigkeit sein Fach ausgezeichnet verstand und mit seinem Heizer, ohne daß ein Wort fiel, eine mustergültige Arbeitsgemeinschaft bildete. Es muß also doch etwas dran sein, wenn es heißt, gegensätzliche Naturen verstanden sich gut. Oder war der alte Isegrimm gar nicht so böse, wie er tat?

In Landsberg hatten wir 5 Minuten Verspätung aufgeholt. Nach kurzem Halt ging es weiter. Über lange Strecken hinweg hielten wir jetzt 110 und 120 km/h. Beide Maschinen arbeiteten trotz der hohen Leistung wunderbar ruhig, und diese Fahrt hat nicht zuletzt dazu beigetragen, daß mir die S 10[1] noch heute die liebste unter allen deutschen Lokomotiven ist. Wohl selten hat es eine solche brave, bei Mannschaft und Publikum beliebte, jeder Mucken bare Lokomotivgattung gegeben.

So hätte die Fahrt nun weitergehen können.

Aber an diesem Tage war offensichtlich der »Wurm drin«.

Wir waren gerade über das Drage-Flüßchen gepoltert, der Lokführer ließ die Bremsen leicht spielen, wir schlüpften mit hohlem Schall unter der Überführung der Arnswalder Strecke hindurch, die sich im Bogen von rechts her an uns heranschob, in der Ferne kamen die Einfahrtsignale zum Bahnhof Kreuz in Sicht, da – wie gehabt – ein gewaltiges Zischen – Kreischen – Aufheulen der Bremsklötze – Griff zum Führerbremsventil – Schnellbremsung – rrrummmmmssss – halt! Ersparen Sie mir, verehrter Leser, das Wort, das unser Meister jetzt gebrauchte. Es war zutreffend, und Goethe hat es sogar in die Literatur eingeführt. Da ich aber kein

Goethe bin, wage ich nicht, es auch nur andeutungsweise zu erwähnen.

Diesmal mußte es eine Notbremsung gewesen sein.

Es war auch eine.

Der Schuldige fand sich bald. Wir erfuhren vom Zugführer den Hergang.

Ein Reisender, der in Kreuz aussteigen wollte, schickte sich an, einen schweren Koffer aus dem Gepäcknetz herunterzuwuchten, kam aber dabei ins Gleiten und sah in seiner Angst, jemanden wehe zu tun, nur die Möglichkeit, sich am Griff der Notbremse festzuhalten.

Heijeijei, war das eine Fahrt! Ich denke noch heute mit Schmunzeln daran. Wie bitterböse schaute unser Lokführer drein! Der Heizer hingegen, von weit sonnigerer Gemütsart, ließ den lieben Gott einen guten Mann sein und fand seine Befriedigung darin, nach jedem Aufwerfen mit dem Reisigbesen die Kohlen zusammenzukehren. Indes überzeugte uns ein Blick auf die Uhr, daß die Verspätung weiterhin 15 Minuten betrug.

Das war aber nun wirklich der letzte Zwischenfall gewesen, die Pechsträhne fand ein Ende. Die Fahrt wurde noch herrlich, allerdings meinte der Wettergott es ausnehmend gut. Die Erde schmorte unter den Strahlen der Sonne. Meist hing ich an der Tür nach draußen, den kühlenden Fahrtwind zu genießen. Wir fuhren gerade in die ärgste Mittagshitze hinein.

Hinter Kreuz holten beide Lokomotivmannschaften abermals heraus, was herauszuholen ging. In der großen Filehner Heide rasten wir stellenweise mit 125 krn/h dahin, Schönlanke wurde mit 120 durchfahren, daß die Weichen krachten, eine Staubwolke aufwirbelte und der Schall sich vielfältig am Bahnhofsgebäude brach. Erst hinter Stöwen wurde der Regler geschlossen, das Ende unserer Reise war gekommen, der Augenblick, an welchem unser Heizer endlich seine Molle »zischen« lassen konnte, rückte greifbar nahe.

In Schneidemühl wechselten die Lokomotiven. Eine 03 und abermals eine S 10¹ als Vorspann standen schon auf dem Wartegleis bereit. Die würden bei der Hitze noch viel Spaß bekommen.

Ich verabschiedete mich von meinen beiden Lokmännern. Der Meister brummte:

»Na, heute ham Se wenigstens wat jesehen. So'ne Kinovorstellung ham wa nicht alle Tage zu bieten!«

»Allerdings, aber man hat auch nicht alle Tage Gelegenheit, eine so tüchtige Mannschaft zu erleben!« machte ich ihm ein kleines Kompliment.

Und sieh da, der alte Knasterbart konnte sogar lachen! Welch Wunder ein paar gute Worte manchmal wirken können!

Ich kletterte von der Maschine herab, nickte den Männern von 17 1111 noch zu, dann pufften beide aus dem Bahnsteig heraus, in die flimmernde Sommerhitze Richtung Schuppen. Zweimal las ich an den Führerhäusern das kleine, mir so lieb gewordene Wörtchen: Grunewald.

Die Knochen werden bei solch einer langen Fahrt auf dem Führerstand ganz schön durcheinander geschüttelt, und ich mußte mich erst wieder an die feststehende Mutter Erde gewöhnen. Die Fahrgäste hatten inzwischen das Bahnhofsbuffet gestürmt, der Wasserhahn auf dem Bahnsteig wurde belagert, alles schrie und rief nach Flüssigkeiten, der Hausknecht vom Wartesaal raste mit

Kästen von Limonade und Bier hin und her, es war ein Trubel ohnegleichen, einen ganzen Zug voll ausgedörrter Kehlen zu versorgen. Wie sehr hatte der Speisewagen gefehlt! Nur gut, daß in Schneidemühl eine Viertelstunde Aufenthalt war. Unsere Verspätung hatte sich auf 10 Minuten verringert.

Jahre sind vergangen. Die Ostbahn ist heute eine untergeordnete eingleisige Nebenstrecke. Sie endet im Bahnhof Kietz. Auch der polnische Teil spielt keine Rolle mehr. Es gibt keinen D 1, Berlin-Eydtkuhnen. Die S 10^1-Lokomotiven sind längst als altes Eisen verschrottet. Versungen und vertan – vorbei! Zwischen damals und heute liegt das Wirken des größten Feldherrn aller Zeiten.

So ist alles in das Reich der Erinnerung versunken. Dort aber verschönt der Gedanke an die alten Erlebnisse selbst den grauesten Alltag. Die alten Gestalten werden wieder wach, 17 1058 pustet erneut los – wuff – wuff – wuff – wuff – das bitterböse Gesicht des Meisters knurrt mich nochmals an. Und am Führerhaus steht der Name geschrieben, der so viel bedeutete: Grunewald!

Sind es nicht die schönsten Erinnerungen, bei deren Gedanken man das Gesicht zu behaglichem Schmunzeln verzieht?

Und vielleicht ein wenig vor sich hin berlinert:

»Kinda, det war'n Theata, damals uff die olle Ostbahn – –!«

August Lemcke

Wenn von Berlin und seiner Eisenbahn die Rede ist, dann muß ich jedesmal an meinen lieben alten Freund August Lemcke denken.

Wie, Sie kennen ihn nicht?

O doch, Sie sind schon oft genug einem August Lemcke begegnet. Man trifft sie auch noch heute an, jene alten Recken des Schienenstranges, jene alten Haudegen, etwas schwerfällig im Gang und bedächtig in ihren Bewegungen. Gewiß, das Häuflein dieser Aufrechten schrumpft merklich zusammen, der größte Teil der alten Lokomotivführergeneration stirbt aus. Die heutigen Dampflokmänner – ohne jeden Zweifel höchst ehrenwerte und pflichtgetreue Beamte – sind trotz aller positiven Attribute das nicht mehr, was ihre Väter einst darstellten. Es heißt immer: Lokomotivführer sein ist eine Weltanschauung.

Heute ist dieser Beruf keine Weltanschauung mehr, er ist seiner Romantik, seines besonderen Nimbus entkleidet. Er ist zum Job geworden wie jedes andere Gewerbe auch. Die meisten Dampflokführer sehnen den Tag herbei, an welchem sie auf Diesellok oder Elektrizität umschulen können, ihr Brot leichter und sauberer zu verdienen. Der Wohlstand unserer Zeit bringt nun einmal den Drang zun bequemen Geldverdienen mit sich. Wem sollte man es verübeln, wenn er dem Zug der Zeit folgt? Es wird nicht mehr lange dauern, da ist aus dem Maschinistenberuf ein Schalttechniker geworden, da hat auch dieser Beruf wie so viele andere eine vollkommene Umwertung erfahren. Man wird den Dampflokführer nur noch aus alten Geschichten kennen, und von einer Weltanschauung kann keine Rede mehr sein. Wer erwähnt heute noch den Postillion als einen doch in ähnlicher Weise hochgeschätzten Stand, der in Hunderten von Gedichten und Liedern besungen wurde, dessen Hornmelodien, allenthalben geschätzt und bejubelt, selbst jeden Komponisten zum Nachschaffen anregten. Wer kennt ihn noch? Auch der Postillion besaß seine eigene Weltanschauung. Vor hundert Jahren hätte wohl nicht ein einziger Zeitgenosse für möglich gehalten, daß der damals gering geachtete Maschinistenberuf einmal mit einer Gloriole umgeben würde, damals, als man die Technik noch als außerhalb der Gesellschaft stehend betrachtete, als der Ingenieur sich erst mühsam seine soziale Anerkennung erkämpfen mußte. Wie lange hat es gedauert, bis die Technik als wissenschaftliche Disziplin gleichberechtigte Partnerin der anderen Wissenschaften wurde? Nimmt etwa heute der Philosoph den Techniker für voll? Und doch ist alles anders geworden. Heute haben wir schon eine neue Entwicklungsstufe erklommen. Der Weltraumfahrer in seiner Raumkapsel verkörpert ein gänzlich verändertes Maschinistenstadium, das mit dem Postillion von anno dazumal noch nicht einmal geistig etwas gemeinsam hat, denn es trennen sie Welten. Die Welt eines August Lemcke liegt im Sterben. Wir erleben noch die letzten Zuckungen dieser Epoche, aber sie ist längst abgeschrieben, ausgemustert, listenmäßig nicht mehr vorhanden.

Ist es richtig, einen technischen Beruf mehr als einen anderen zu verherrlichen, herauszuheben? Begehen wir nicht ein Unrecht, etwa gegenüber dem Baggerführer oder dem Steuermann, dem Manne, der eine Walzstraße bedient oder dem Steiger, tief unten im Schacht? Sind diese Berufe nicht teilweise verantwortungsvoller, noch wesentlicher, noch härter? Warum ist noch nie der Maschinist einer Schiffsmaschine gefeiert worden, immer nur der Kapitän?

Nun, hier mag vielleicht die Lösung der Frage zu suchen sein. Im Lokomotivführer besticht uns nicht der Maschinist, vielmehr der Führer, der Lenker, der Steuermann, der Kapitän, der »Herr über Leben und Tod« der ihm anvertrauten Fahrgäste, wie es eine frühere Zeit so poetisch ausgedrückt hat. Jeder Reisende weiß seit den Tagen seiner Kindheit – damals sogar in weit höherem Maße als heute –, welche Verantwortung dem Lokführer obliegt. Das hebt ihn aus vielen anderen Berufen heraus. Seine Rolle wird heute vom Piloten, vom Flugzeugführer in ähnlicher Weise übernommen und vielleicht ist auch der Beruf des Piloten eine Weltanschauung. Ich weiß es nicht, ich habe nicht das Vergnügen, die Bekanntschaft eines solchen Herrn zu genießen.

Nein, ich habe mich mein Lebtag immer nur auf der Eisenbahn herumgetrieben, auf Führerständen herumgedrückt, bin in Bahnbetriebswerken herumgekrochen, lauschte den Männern beim Vesperbrot über die Schulter, begleitete sie auf ihrem Weg zum Dienst, diskutierte mit ihnen dieses und jenes – wie viele Freunde habe ich in diesem Beruf gefunden, wie viele kernige, urwüchsige Gestalten, die dem entsprachen, was man sich landläufig unter dem Bilde eines aufrechten Mannes vorstellt. Es mag wohl so sein, daß der Beruf hier in hohem Maße formend auf den Charakter einwirkt. Wer von Anfang an in ein unlösbares Netz von Aufgaben eingesponnen ist, dessen ganzes Tun und Handeln steht letzten Endes unter dem Gebot dieser Pflichten, so, daß Tagesablauf, Familie, Häuslichkeit, Feierabend, kurzum das ganze Dasein von diesem magischen Kreise gelenkt werden.

Ich hatte einmal das Glück, als sogenannter möblierter Herr im Hause eines alten Veteranen des Schienenstranges zu wohnen. Nun, er ist lange verstorben, ich kann seinen Namen ruhig verraten: Es war der Oberlokführer Rothstein vom Bahnbetriebswerk Wanne-Eickel. Möge dieses Haus beipielhaft für alle Lokführerfamilien gelten.

Das Tagewerk dieser Familie spielte sich mit der Präzision eines Uhrwerkes ab. Angefangen vom Weckerklingeln in der Frühe über die täglichen Verrichtungen bis zur Rückkehr des Hausherren lief alles im Zeichen eines feststehenden, durch jahrzehntelange Gewohnheit geheiligten Ritus ab, dabei aber alles mit einer Freude, Zuversicht und Ruhe – trotz vieler äußerer Unerfreulichkeiten –, wie sie nur ein in sich festgefügtes Leben entstehen lassen kann. So gesehen bedeutet der Satz von der Weltanschauung des Lokomotivführers keine Übertreibung, im Gegenteil, die Familie war in diese Denkweise einbegriffen. Das Haus der Rothsteins umgab ein festes Band der Pflicht, der Harmonie, ein Zusammenhalt, der allen Belastungen standhielt. Wenn vom Lokomotivführer die Rede ist, dann sollte man nie die Lokomotivführerfrauen vergessen, die ein Leben geführt haben, gerade entgegengesetzt den liebeswütigen Vorstellungen eines Teenagers unserer Tage, der sich so vortrefflich mit den Einzelheiten des Makeup versteht und über die neuesten Schlager stundenlang rezensieren kann. Aber vielleicht wird es auch in Zukunft diese starken Bindungen wie ehedem zwischen den Ehegatten nicht mehr geben. Mit dem Lokführer stirbt auch die Lokführerfrau. Die Fassung und feste zuversichtliche Gelassenheit, mit der sie im Kriege das Los ihres Mannes zu teilen wußte, die vielen, vielen Nächte, die sie mit dem Essen, ergeben und unverzagt, besonders während der Bombennächte im Westen unseres Vaterlandes gewartet hat, das sind Tatsachen, die bereits Geschichte geworden sind, die nun der Vergangenheit anheimfallen wie so vieles, wie im Grunde alles, was wir unter der Mächtigkeit des Eindruckes der Gegenwart für unvergänglich und ewig halten. Es wird nicht allzu lange Zeit dauern, da gesellt sich den vergessenen Berufen ein neuer hinzu: Dampflokomotivführer! Alles fließt, nichts bleibt, sagt Heraklit. Die gleichen Worte gelten auch für den Famulus des Lokomotivführers, den Heizer, der so oft unerwähnt bleibt, dabei die schwerste Arbeit zu leisten hat. Aber in der Regel bringt er es selbst zum Lokführer, so daß er nicht nur die Schattenseite der Dampfmaschine kennenlernt.

Doch ich laufe Gefahr, ins Spintisieren zu kommen. Ich wollte doch von meinem lieben Freunde August Lemcke vom Bahnbetriebswerk Karlshorst erzählen, dem ich so manche schöne Stunde, so manche interessante Erzählung zu verdanken habe.

Ich sehe ihn noch heute auf dem Führerstand stehen, nicht eben groß, er war kein Riese, aber von stabiler Figur. Er war ein Mensch, der – wie man landläufig sagt – mit beiden Beinen auf der Erde steht, dabei voll des urgesunden Berliner Mutterwitzes. Wie konnte sein Gesicht aus all den vielen kleinen von Wind und Wetter hineingegerbten Falten und Fältchen strahlen. Der graue Schnurrbart, den viele Männer jener zwanziger und dreißiger Jahre trugen, verlieh dem Gesicht etwas väterlich Solides. Während der Fahrt trug er eine Schutzbrille vor den Augen, so wie sie damals die Motorradfahrer benutzten, die er, wenn es ihm zu warm darunter wurde, über den Mützenschirm hinaufstreifte. Man sah die Männer auf den Schnellzugmaschinen vielfach mit solchen Brillen ausgerüstet, denn eines muß beachtet werden: Die Geschwiwindigkeiten während der dreißiger Jahre, die mit Dampflokomotiven gefahren wurden, lagen sehr hoch. Sie sind nach dem Kriege in diesem Umfang nicht wieder erreicht worden. Es gab viele Strecken, Berlin-Hamburg, Berlin-Lehrte, Berlin-Magdeburg, Berlin-Halle, Berlin-Dresden, Berlin-Schneidemühl und wie sie alle hießen, wo ständig hundert, hundertzehn, hundertzwanzig Stundenkilometer gefahren wurden. Wir erlebten damals das letzte Aufflackern der Dampflokzeit. Aus den Berichten der Lokführer in den Bahnbetriebswerken ist mir manche Leistnug bekannt, die nie an die Öffentlichkeit gedrungen ist. Wie viele Rekorde sind unfreiwillig allein beim Einfahren von Verspätungen geschlagen worden. Ich denke da an den FD 79, München-Berlin, der mitunter Verspätung bekam, wenn der Kurswagen aus Rom nicht rechtzeitig in München eingetroffen war. Die Fahrzeit dieses Zuges – der von einer Dapflokomotive der Baureihe 03 (2 C 1) geführt wurde – betrug zwischen Halle und Berlin ohne Zwischenhalt 93 Minuten bei 162 km Streckenlänge. Die alten Rennfahrer vom Bw Halle P haben mit 03 178 die Geschichte auch schon in 85 Minuten erledigt. Das bedeutet ein Stundenmittel von 114 km, nebenbei eine große körperliche Strapaze für die Manschaft in Anbetracht des unruhigen Laufes der 03 bei solch hohen Geschwindigkeiten. In gleicher Weise raste der FD 5, Leipzig-Berlin durch die Landschaft. Ähnliche FD-Zeiten wurden ohne jeden Mucks noch von den fast 25 Jahre alten Karlshoster S 10^1-Maschinen, Baureihe 17^{11}, gefahren! Aus der Kenntnis dieser Dinge heraus wird erklärlich sein, warum der Kundige so wenig vor den Leistungen unserer Dieselmaschinen in Ehrfurcht erstarrt. So niederschmetternd wie gern gewünscht, ist ein Vergleich des Fahrplanes von 1936 oder 37 mit den heutigen leider nicht.

Mir tut es immer leid, daß unsere Jugend, bedingt durch eine reine Zweckpropaganda, ein solch falsches Bild von den Dampflokomotiven bekommt, so, als wäre diese Maschine nur ein lästiges Übel gewesen, das man hundert Jahre lang habe erdulden müssen, um endlich die allein seligmachenden und glückbringenden Elektro- und Dieselmaschinen zu entwickeln. Das hat alles mit Romantik und Schwärmrei rein gar nichts zu tun. Die Tatsachen des Fahrplanes sind Beweis genug.

Unbestritten bleibt natürlich, daß die elektrische Traktion in den Mittelgebirgen einen echten Fortschritt gebracht hat, dort ist sie der Dampfmaschine aus der Natur ihrer Arbeitsweise heraus weit überlegen. Von der Diesellokomotive hingegen würde wahrscheinlich niemand sprechen, wenn die Manager des Ölgeschäftes nicht mit allen Mitteln und aus naheliegenden Gründen ihre Entwicklung förderten. Meine Bekanntschaft mit August Lemcke hatte eine gemeinsame Liebe als Ursache. Er fuhr damals, Mitte der dreißiger Jahre, im Plan einer der S 10^1-Lokomotiven, deren

Karlshorst noch mehrere besaß, meist die 17 1127, die 17 1156 und die 1167. Diese schönen Maschinen entsprachen von jeher in ihren Konstruktionsprinzipien meinen Idealvorstellungen einer Maschine mittlerer Leistung. Was Wunder, wenn ich also versuchte, Kontakt mit einem Führer einer solchen Lokomotive zu bekommen. In Halle liefen damals keine mehr, sie waren auf Norddeutschland, insbesondere Berlin, Hannover, Altona, Kiel, aber auch Brandenburg, Pommern, Ostpreußen und Schlesien konzentriert.

Ich glaube, er hat es gern gesehen, wenn er mit mir »palavern« konnte, der alte Herr, war ich doch ein williger Zuhörer. Nicht immer hatten wir die Eisenbahn beim Wickel, es gab auch genügend andere Themen. Damals lebten wir in der Zeit des tausendjährigen Reiches, das wir beide in gleicher »Weise verehrten«. Manchmal empfing er mich, wenn ich ins Bw kam:

»Tag, Chef«, (Chef war seine spezielle Anrede), »hamm Se schon den neuesten Witz gehört? Wie? Nee? Also den muß ick Ihnen erzählen. Passen Se uff. Da kommen der Hitler und der Jöring und de Joebbels in den Himmel, und wie nu der Petrus – – «.

Ja, auf diese, Basis bewegten ich unsere tiefgründigen Gespräche, wenn nicht von Eisenbahndingen die Rede war.

Manchmal schimpfte er auch, der gute August Lemcke. Aber nicht anhaltend. Sein Blockwart hatte ihn wohl »auf dem Kieker«, weil Lemcke regelmäßig nicht flaggte, wenn ein Feiertag war in diesem Reich. Mal schimpfte er über die Bahn selbst und die schlechte Bezahlung, mal über einen neuen Heizer, wenn er sich als rechter »Stießel« erwies. Aber es währte niemals lange, dann lachte er wieder über sein liebes gütiges Gesicht, dann kam der

Berliner Witz wieder zum Durchbruch. Ab und zu gab er mir auch einen Wink.

»Chef, wie is et? Nächste Woche kriege ich den E 220 nach Eisenach über Dessau-Halle in den Plan. Ham Se Lust uff ne Landpartie in'n Hohen Fläming?«

Und ob! Gerade die Fahrt auf der nördlichen Kanonenbahn über Beelitz, Belzig, Wiesenburg ist wunderschön. Mit dem E 220 gab es nicht viel Beschwer, das war eine gemütliche Sache. In Halle stieg ich dann aus, und Lemcke nahm. mich auf der Rückfahrt wieder mit nach Berlin, denn er fuhr damals bis Eisenach durch, ein Langlauf von rund 350 Kilometern, der sich wahrhaftig sehen lassen konnte. Übrigens mußte er in Halle Wasser nehmen, ein kleines Kabinettstückchen für gute Lokführer, das längst nicht alle Kollegen formvollendet beherrschten. Es war erforderlich, den Zug mit dem Tender genau unter dem Wasserkran zum Stehen zu bringen. Ihm gelang es auf Anhieb, während andere nie Geschick dazu aufbrachten, die Maschine vielmehr abkuppelten und vorzogen, oder, wenn sie darüber hinausgefahren waren, den ganzen Zug zurückdrücken mußten. Einen Zug im Bahnsteig zurücksetzen bedeutet aber Alarm für das Begleitpersonal, denn leicht kann dabei ein Fahrgast, der eben einsteigen will, zu Schaden kommen. Bei solchen Gelegenheiten zeigt sich eben das Können des guten Führers.

Auf der Rückfahrt hatte ich mich dann reichlich mit Zigarren versehen, Lemcke rauchte gern, und ich rückte durch solche kleine Gaben in seiner Gunst weiter auf.

Im Grunde steht er nur stellvertretend für all die vielen August Lemckes, die ich kennengelernt habe. Sie standen schon bei der

Hettstedter Bahn in Dienst. Ich habe sie im hallischen Bahnbetriebswerk besucht und später überall wieder angetroffen, in Sachsen, in Bayern, in Baden, im Schwabenland. Nur die Maschinen trugen jeweils andere Nummern, der Dialekt klang mal hoch, mal platt, doch schimpfen konnten sie alle wunderbar, der Berger von Halle P, der Kurz von Treuchtlingen, Schmidt II von Köln Bbf, mein Freund Robert Thiele von Rothenburgsort – ach, was tun hier Namen schon zur Sache, sie sind im Grunde belanglos und nur äußere Unterscheidungsmerkmale für gleiche Dinge.

Übrigens wußten viele Maschinisten auch mit Würde ihren Spitznamen zu tragen, den ihnen »das gesunde Volksempfinden« aufgehängt hatte. Da gab es den »wilden Otto«, den »Rennfahrer«, den »schönen Willi«, den »Schnarcher-Karl«, den »Bremser«, Blumen-Fritze« oder einfach den »langen Schmidt« zum Unterschied vom »dicken Schmidt« und »krummen Schmidt«, wobei jeweils eine genaue Charakterisierung damit verbunden war. Oft führten äußere Ereignisse zu jener Namensgebung. Einer schwatzte immer vom Herzschlag der Maschine, klar, daß er der »Doktor« hieß, ein anderer fuhr übervorsichtig, er wurde der »späte Emil« genannt. Über die Begründung für die »Schnapsnase« und den »Knülch« wollen wir indes schweigen. Gleicherweise war es üblich, den Maschinen Spitznamen zu geben. Allerdings ist dieses Thema unerschöpflich. Von der »Kaffeemühle« und der »Käsehitsche« bis zum »Plätteisen«, »Stachel« und »Dreschkasten«, »Resi« und »Schorsch«, »Knochenbrecher« und »Gurkenhobel« war alles vertreten und sorgte für die nötige Heiterkeit im eintönigen Maschinistendienst.

Lokomotivführer sein war eine Weltanschauung.

Diese Weltansschauung wurde auch äußerlich dokumentiert. Der »Meister«, wie er allgemein genannt wurde, unterschied, sich schon durch seine Kleidung vom mehr oder weniger schwarzen Heizer. Man muß einmal einen alten Lokführer gesehen haben, um den ganzen Unterschied gegenüber der Jetztzeit zu ermessen. Gewiß, die Maschine ist kein Salon und es mag ein unnötiger und auch unzweckmäßiger Verschleiß von Bekleidung sein, wolle man sich im Sonntagsanzug auf die Maschine stellen. Nun, es muß ja nicht gleich der Sonntagsanzug sein. Wenn der Kaminkehrer sein Gesicht als Zeichen seines Berufs schwärzt, soll deshalb der Lokführer wie ein wandelnder Ölkanister daherlaufen? Der Maschinist hat selbst zu seiner Abwertung ein gehöriges Maß beigetragen. Damit drehen wir uns immer wieder im Kreise. Diese Abwertung entspricht der Entwicklung, dem Niedergang der Dampfmaschiene und dem Aufkommen eines neuen Standes, der im weißen Hemd oder im grauen Berufskittel seinen Dienst versieht.

Der Lokführer der zwanziger und dreißiger Jahre stand in Schlips und weißem Kragen auf der Maschine. Dieser Habitus war noch von den Länderbahnen übernommen, daran mochten auch die sozialistischen Strömungen der Zeit nichts ändern. Seine Jacke war sauber, er trug eine ordentliche Eisenbahnermütze und nicht einen schmierigen Deckel. Unter der Jacke baumelte aus der Westentasche die dicke goldene oder wenigstens vergoldete Uhrkette mit dem Taschenchronometer. Er hatte sogar saubere Hände, kurzum, er stellte eben vom Scheitel bis zur Sohle eine Persönlichkeit dar. Selbst die Führer der Güterzug- und Rangiermaschinen, denen man noch am ehesten »mildernde Umstände«

zubilligen konnte, machten selten Ausnahmen. Auf den Lokomotiven herrschte besondere Sauberkeit, sie waren sehr gepflegt und hielten gar keinen Vergleich mit heute aus. Dieses starke Standesbewußtsein war besonders dem norddeutschen, also preußischen und auch sächsischen Lokführer eigen. In Süddeutschland gab man sich legerer. Du lieber Himmel, was war doch der »Meister« von Lok 19 001, Bw Dresden Altstadt, für ein würdevoller Herr. Mit seinem kahlen Kopf, dem reputierlichen Embonpoint und seinen biederen Gesichtszügen sah er eher wie der Besitzer einer kleinen gut gehenden Schraubenfabrik aus. Böse Zungen behaupten immer, die Lokomotivmänner hätten auch im Himmel ihre eigene Abteilung, so etwa, wie sie auf Erden eine eigene Gewerkschaft gegründet haben. Nun, lassen wir uns überraschen, ob wir dort Zutritt bekommen.

Selbstverständlich ist die Lokomotive kein Paradies und nicht alle Mannschaften bestehen aus Engeln. Es gibt auch viel Unerfreuliches zu berichten. Es gibt Führerstände, über die in der Mitte ein Strich läuft, das Revier eines jeden genau abgrenzend. Heizer und Führer verkehren sozusagen nur schriftlich miteinander. Mancher arme Feuermann hat von seinem Herrn und Meister ein Bild bekommen, das nur schlecht zu dem meines Freundes August Lemcke paßt. Immerwährende Fehde zwischen Regulator und Speisepumpe ist keine Seltenheit. Nun, verschweigen wir auch diese Dinge nicht. Wen wir als Kinder die Maschinenmänner zwar den Göttern gleichordneten, sie sind in erster Linie Menschen mit vielen, vielen Schwächen und Fehlern. Es gibt böse, mürrische, unzufriedene Gestalten am Regler, Männer, denen der Beruf eine Last bedeutet, die vielleicht viel lieber Gärtner oder Möbelschreiner geworden wären, die das Schicksal aus einer Laune heraus auf die Maschine gestellt hat. Es gibt das genaue Gegenteil, Fanatiker, die in ihrem Beruf derart aufgehen, daß sie sich selbst für den klügsten und besten aller Führer halten, denen es überhaupt kein Heizer recht machen kann. Und dazwischen die Menschenfreunde, die die Buben mal auf den Führerstand lassen und sich über die staunenden Gesichter freuen, die Männer mit dem warmen Herzen, um derentwillen dieses Kapitel geschrieben wurde, eben die – August Lemckes.

Sie sind schon ein Völkchen eigener Prägung, unsere lieben Maschinenmänner. So unterschiedlich Charakter und Temperament, so gegensätzlich ihr Verhältnis zur Maschine. Und da auch das liebe Feuerrößlein durchaus seinen eigenen Willen hat – selbst von Maschinen der gleichen Type verhält sich kaum eine wie die andere –, kommen schon kuriose Dinge und seltsame Begebenheiten im Führerhaus zustande. Da haben wir die Phlegmatiker, die großen Schweiger am Steuerrad, die mir am meisten imponierten. Hingegen ist es herzerfrischend, einmal einen Choleriker zu belauschen, der jedes Schleudern seiner Maschine mit »Mistbock« und »Affenschaukel«, jedes Bocken mit »Dreckkarren« und »Bruchkiste« quittiert. Manches Rauhbein ist schon mit dem Hammer gegen sein Roß zum Angriff übergegangen.

Schließlich die ewigen Pechvögel. Diejenigen, die nie das Inventar wieder vollzählig mit nach Hause bringen – hat man doch schon Aschkastenklappen, Siebe, Ketten und andere edle Teile der Lokomotive unterwegs verloren, vom Werkzeug und Tenderinventar ganz zu schweigen. Schweigen wir auch über die armen Teufel, denen das Wasser absinkt, die Pumpe versagt, die in ihrer

Angst beginnen, das Feuer herauszureißen, und wenn sie's draußen haben, die Pumpe fröhlich nuckeln hören. Schweigen wir von Rohrlecken, undichten Schiebern, Heißläufern, zugesetzten Rohren, Stehbolzenbrüchen, oftmals gleich als Kettenreaktion. Es wird kein Geheimis sein, daß solche Mißgeschicke grundsätzlich dann eintreten, wenn der Meister etwas vorhat und pünktlich zum Feierabend daheim sein möchte. Das Leben ist nun einmal nicht eitel Sonnenschein, warum sollte es auf dem Führerstand erfreulicher zugehen? Über die besonderen Leistungen und kleinen und großen Heldenstückchen auf der Lokomotive ist schon mancherlei geschrieben worden. Das Heldenepos der Eisenbahner im russischen Winter wartet – jetzt einmal von der Sinnlosigkeit des Krieges abgesehen – noch heute auf seinen Sänger. Was hier an Selbstverständlichkeiten in ausweglosen Situationen geschah, das wird wohl nie ganz gewürdigt werden können, einfach, weil vieles nie über den engen Kreis der Mitwirkenden hinaus bekannt geworden ist. Das gilt in gleicher Weise für das stille Heldentum während der Zeit der Braunkohlenfeuerung. Der Laie macht sich einfach keinen Begriff, was es heißt, eine 44er – 1 E-Dreizylinder-Güterzuglokomotive – mit 1000 t Anhängelast eine Steigung hinauf mit Rohbraunkohle zu feuern. Hunderte von Heizern haben sich hier lebenslänglich schwerste Schäden geholt. Heizer und Maschinist waren gezwungen, wo nicht ein zweiter Feuermann beigegeben war, wechselseitig ununterbrochen zu feuern, um überhaupt voranzukommen! Kein Wunder, daß die Männer – meist ohne rechte Ernährung damals in den Jahren 1945 und 46 – nach der Fahrt halbtot vom Führerstand fielen. Das kann man einfach nie vergessen – – so dachte man seinerzeit. Heute spricht kein Mensch mehr davon. Es ist der Lauf aller Dinge.

Die Dampflokzeit geht zu Ende und damit auch die Zeit der Loko-motiv-»Führer«. Irgendwie berühren mich diese Dinge wehmütig. Man kann diese und jene berühmte oder bewährte Maschine ins Museum stellen und der Nachwelt bewahren. Man könnte so vieles vom Eisenbahnbetrieb konservieren, wenn man wollte – nur den Dampflokführer, den kann man nicht erhalten, er ist zum Vergehen, zum Verschwinden verurteilt wie einstmals der Postil-lion, der Fuhrmann, der Landreiter, der Fährschiffer. Es werden ihrer immer weniger, die Helden sind müde, ihre Tage sind vorü-ber. August Lemcke ist gestorben, und er wird nie mehr auferste-hen. Ist es nun Romantik, ist es Poesie, was diese Gestalten heute schon verklärt, daß sie besonders wir Älteren vermissen?

Nein, das ist es nicht. Wir hatten sie ganz einfach liebgewonnen, die Männer vom Führerstand.

Narrenromanze

*E*in schweres Gewitter hat zum Abschluß eines schwülen Sommertages das Land heimgesucht. Es gießt in Strömen, über den Bergen zucken noch immer Blitze, und nur zögernd entfernt sich der Donner. Man weiß nicht recht, ob es noch Tag oder bereits Nacht ist, das Tageslicht hat sich gegen die Düsternis des Gewitters noch nicht wieder durchsetzen können. Es herrscht jenes Hell-Dunkel, das eine Fortsetzung des Unwetters befürchten läßt. Allenthalben brennen die Lichter auf Straßen und Plätzen, Bahnhöfen und in den Zügen.

Ich komme aus Süddeutschland und bin im Heidelberger Hauptbahnhof – damals noch die alte Kopfstation im Stadtzentrum – in den Frankfurter Schnellzug umgestiegen. Er ist gut besetzt, ich muß lange nach einem Platz suchen, der mir gefällt. Schließlich lande ich bei meiner Wanderung von Wagen zu Wagen, an den Abteiltüren vorbei, auf der Plattform des vordersten Wagens, wo eine geschlossene Schiebetür den Weg zum Tender der Lokomotive absperrt. Pack- und Postwagen befinden sich am anderen Ende, unmittelbar vor dem ersten Reisezugwagen steht als Abschluß die schwarze Masse des Lokomotivtenders.

Es ist mir zu viel Arbeit, wieder den Marsch nach rückwärts anzu-
treten. Zudem will ich bereits in Frankfurt aussteigen. Die Fahrzeit beträgt ein und eine viertel Stunde, so lange wird es auf
diesem Stehplatz schon auszuhalten sein. Ich verbleibe also hier
vorn, verstaue meinen Koffer und versuche, trotz des Wetters, dem
Stehplatz eine gewisse Behaglichkeit abzugewinnen. Ich bilde mir
ein, auf der Maschine zu stehen, aus dem Fenster zu schauen,
wenn einem das Wasser hinten in den Hals hineinläuft. Unter
solchen Vorstellungen gewinnt auch ein trockener Stehplatz
seine guten Seiten.

Meist ist es ruhig und einsam auf dieser ersten Plattform, man
kann sich ungestört dem Genuß des Fahrens hingeben, wobei die
vor einem herjagende finstere Masse des Lokomotivtenders in
ihren Auf- und Abbewegungen, ihrem Tänzeln und ihrem Schlin-
gern den Reiz des Dahinrasens und den Zauber der Geschwindigkeit noch erhöht. Ich drücke die Nase an die regennassen
Scheiben der geschlossenen Durchgangstür. Eine 01 steht vor
dem Zuge, wobei man mit dieser Kurzbezeichnung die 2 C 1-
Einheits-Schnellzuglokomotive, Baureihe 01, der Reichsbahn
meint. Ein hoher Kohlenberg ragt als schwarze Silhouette in den
dunkelgrauen Himmel hinein.

Als wir abfahren, ist noch immer kein Ende des Regens abzuse-
hen. Die Blitze werden zwar schwächer, das Gewitter ist mehr in
die Berge gezogen, trotzdem bleibt die Dunkelheit. Der an die
Fenster peitschende Regen nimmt jede Aussicht. So stehe ich
denn, mit dem Rücken an die Wand des bekannten Kabinchens
gelehnt, im schwankenden Wagen, wiege mich leise im Rhythmus

des fahrenden Zuges, blicke auf den vor mir hertänzelnden Tender oder lausche der Musik der dahinschnaufenden Maschine. Über den Kohlenberg des Tenders weht eine weiße Dampffahne und senkt sich unter der Last des Regens auf die Wagen herab. Die Gedanken schweifen unwillkürlich zu jener Rennfahrt zurück, die ich einmal hinter dem Tender der 17 1133 von Halle nach Berlin erlebt habe, als es galt, eine Verspätung einzufahren. Nun, eine Wiederholung ist heute nicht zu erwarten. Die vielen Halte auf der Main-Neckar-Bahn sind höheren Geschwindigkeiten nicht gerade förderlich.

Wir haben schon die große Kurve bei Friedrichsfeld hinter uns, der Zug jagt eben den öden Bahnsteig entlang in die lange Gerade hinein, als die Gangtür kräftig aufschlägt und ein zierliches Persönchen die Plattform betritt, schwer an einem gewichtigen Koffer schleppend. Sie beginnt, am Griff der Schiebetür an der Übergangsseite zu rütteln im Glauben, es befinde sich noch ein weiterer Wagen davor; die regennassen Scheiben lassen den Tender nur undeutlich erkennen. »Halt, da geht's nicht weiter! Wenn Sie auf die Lokomotive wollen, müssen Sie außen herumklettern!«

Sie erschreckt augenscheinlich und wird verlegen.

»O weh, das habe ich gar nicht bemerkt!«

Das halbseidene Dämmerlicht und der trübe Schein der elektrischen Lampe beleuchten ein reizendes Gesichtchen, das auch den verbohrtesten Maschinennarren nicht ungerührt lassen kann. Gesicht und Haar und Kopftuch sind vom Regen noch feucht, an ihrem Staubmantel perlen die Tropfen herab und bilden eine kleine Lache zu ihren Füßen. Sie scheint eine tüchtige

189

Dusche abbekommen zu haben, denn auch Strümpfe und Schuhe haben gelitten.

Unschlüssig bleibt sie stehen. Soll sie sich mit dem schweren Koffer den Gang entlang wieder zurückplagen? Ihre großen Augen blicken mich fragend an.

»Wie lange fahren wir wohl bis Frankfurt?«

Die Lichter von Ladenburg fliegen eben vorbei.

»In einer guten Stunde werden wir dort sein, wenn die Fahrt so zügig weitergeht.«

»Danke schön.«

Das Gespräch verebbt wieder. Sie entschließt sich zum Bleiben, löst das Tuch von den Haaren, die nunmehr in dunkler Fülle das Gesicht umrahmen. Ich wende mich ab und trete ganz an die Schiebetür heran, denn ich liebe es nicht, Mitreisende neugierig anzugaffen. Wir schweigen. Jeder ist wohl auch mit sich selbst beschäftigt, jeder starrt in die Dämmerung hinaus, die allmählich in völlige Dunkelheit übergeht. Die Schnelligkeit unseres Zuges ist jetzt sehr gestiegen. Mit wenigstens 100 Stundenkilometern jagt die 01 dahin. Es ist interessant, das Spiel zwischen Tender und Wagen zu beobachten. Die Puffer scheinen in ständiger Bewegung, da ja das Federspiel beider Fahrzeuge sich addiert. Manchmal vollführt der Tender eine kleine Schwenkung nach der Seite, so, als wolle er aus der vorgeschriebenen Bahn ausbrechen. Dann poltern Weichen unter uns auf, und Schienenstöße erzählen in schneller Folge von der Durchfahrt durch einen Bahnhof.

Ein kräftiges Niesen hinter mir läßt mich erschrocken zusammenfahren. Fast hätte ich meine Mitreisende vergessen. Ich wende mich lachend um.

»Sehen Sie, nun haben Sie sich bereits erkältet. Kein Wunder bei dem plötzlichen Wetterumschlag.«

»Oh, entschuldigen Sie, habe ich Sie erschreckt? Ich bin in Heidelberg, als ich aus der Straßenbahn stieg, so naß geworden. Es goß in Strömen.«

»Man sieht es Ihnen an. Die ganze Geschichte funktioniert auch noch nicht richtig, man müßte mit der Straßenbahn oder dem Auto gleich bis auf den Bahnsteig fahren können.«

»Ach, normalerweise stört mich das nicht, ich fahre gern mit der Eisenbahn – – –.«

»Hört, hört!« ruft da eine Stimme lautstark in meinem Innern! Wer will mir verübeln, daß diese Worte Wasser auf meine Mühle bedeuten und ein Gespräch in Gang bringen, das ganz allmählich an Interesse und Wärme zunimmt? Es ist auch schon ein eigen Ding, des Abends mit einem schönen Mädchen allein auf der Plattform eines in gleichmäßigem Rhythmus dahinjagenden Zuges zu stehen, wenn man selbst jung ist, wenn das unsichere und trübe Licht der Wagenlampe das Gegenüber in geheimnisvolles Hell-Dunkel taucht, wenn draußen Lichtfetzen vorüberflackern oder beim Passieren eines erleuchteten Gegenzuges ganze Lichtkaskaden vorbeihuschen. Dazu der Regen, der den Fenstern einen feinen schimmernden Glanz verleiht. Der Halt in Weinheim sorgt für kurze Unterbrechung. Der Zug ist lang, die Lokomotive weit nach vorn gefahren, wir bleiben unbehelligt auf unserem vorgeschobenen Posten.

Mit donnernden Auspuffschlägen zieht die 01 wieder an, Grund genug, ein wenig zu fachsimpeln und vor meiner Reisegefährtin den Dozenten zu spielen. Die Unterhaltung belebt sich mit Zunah-

191

me der Geschwindigkeit. Es stellt sich heraus, daß sie Schauspiel-Elevin ist und nach Absolvierung des Studiums ein erstes Engagement beim Stadttheater Gießen antreten will. Als Anfängerin natürlich und zu einer lächerlich geringen Gage. Aber es ist der erste und vielleicht entscheidende Sprung auf die Bretter, die die Welt bedeuten, ein Start, noch voller Illusionen und Träume.

Geht es mir anders? Bin ich nicht auch erfüllt von Hoffnungen und Illusionen? Von phantastischen Gaukeleien? Wes das Herz voll ist, des gehet der Mund über, noch dazu wenn sich Menschen finden, die ein gleiches Lebensstadium verbindet. Durch meine Studien bin ich auch in den Dingen der Kunst nicht unerfahren, so daß ich mitreden kann. In Heppenheim sind wir bei Rose Bernd und Hanneles Himmelfahrt angekommen. Während der Zug in Bensheim hält, deklamieren wir Rilke, zitieren Herrmann Hesse, überraschenderweise unser beider Idol, senken beim Erwähnen des Namens von Ernst Wiechert die Stimme, denn wir leben im tausendjährigen Reich, und sein Name ist bereits verfemt. Wir reden uns in Begeisterung und Feuer hinein, wie es der Jugend so herrlich ansteht. Vergessen die 01, vergessen die Bahnfahrt, wir sind zwei Menschen, bereit, die Sterne vom Himmel herabzulangen und sie unter die Kinder dieser Erde zu verteilen.

Klingt noch etwas mehr in unserem Gespräch mit?

Beginnt Amor, dieser vermaledeite Lausbub, ein unsichtbares Band zu weben? Begleitet unsere Worte eine heimliche Melodie? In Darmstadt hält der Zug einige Minuten. Wir schauen aus dem Fenster, der Regen hat endlich aufgehört, ein milder Sommerabend voll betörenden Duftes ist angebrochen. Wir bleiben noch

am Fenster, als der Zug weiterrollt, saugen den Geruch der regen-
feuchten Wiesen in uns ein. Als ich beim Fensterschließen unge-
wollt ihre Hand berühre, durchzuckt es mich wie von einem elektrischen Schlag getroffen.

Wir schweigen plötzlich wie zwei ertappte Sünder. Sie wird ein
wenig rot, dann huscht ein feines Lächeln über ihr schönes
Gesicht, ein Lächeln voller Anmut, voller Zauber, voller Weiblichkeit – –. Der Auspuff der 01 hämmert geschwind in den Abend
hinein. Aber ich höre ihn nicht. Merkwürdig, dieses eigenartige
Gefühl in der Herzgegend. Woher kommt das nur? Von der 01?

Unser Gespräch flackert wieder auf. Wir landen beim Film. Zarah
Leander und Kristina Söderbaum sind die Stars, von denen damals
am meisten gesprochen wird. Es ist die Zeit der Max Halbe- und
Sudermann-Verfilmung, ein Stichwort, das uns wieder auf das
Theater bringt. Ja, Johannisfeuer – die Rolle des Heimchens
möchte sie spielen.

Da werden wir wieder still.

Diese großen klaren Augen, dieses zauberhafte Lächeln – –!

Ich wende mich um, schaue auf die wackelnde 01, versuche einen
Blick durch die schmutzigen, verfleckten Scheiben zu werfen. Der
Zug durchfliegt die letzten Kilometer vor Frankfurt. Langen
huscht vorbei, dann Frankfurt-Louisa.

»Nun sind Sie bald am Ziel.«

»Ja«, entgegnete sie einsilbig und bindet das Kopftuch um, das sie
während der Fahrt gelöst hatte.

»Schade, daß ich nicht auch in Richtung Gießen fahre, wir hätten
uns noch so viel zu erzählen.«

»Doch, wirklich schade, aber vielleicht – – –.«

»Vielleicht?«

Sie lächelt spitzbübisch. »Vielleicht haben wir nicht sofort Anschluß, oder der Gießener Zug hat Verspätung?«

Ach, wenn das wahr wäre! Begierig nehme ich das Stichwort auf. Langsam poltert der Zug in die Halle des Frankfurter Hauptbahnhofes. Wir sind nicht mehr allein auf unserer Plattform, die anderen Reisenden drängen aus den Abteilen. Da wir im ersten Wagen hinter der Lokomotive stehen, können wir uns schnell dem Trubel des Bahnsteiges entziehen. Ich helfe beim Aussteigen und nehme ihren Koffer zur Hand. Wir gehen langsam an der 01 vorbei, die mit hallenden Pumpenschlägen und lautstarkem Zischen vor dem Prellbock steht. Aber ich achte kaum darauf. Verstohlen blicke ich auf meine schöne Begleiterin, und das Herz will vor Freude höher schlagen.

Glücklicherweise krächzt der Bahnsteiglautsprecher derart, daß keiner der gegebenen Anschlußhinweise zu verstehen ist. Meine Gedanken verwünschen den Gießener Zug zu allen Teufeln. Nun, Zeit gewonnen – alles gewonnen!

Doch als wir den Querbahnsteig betreten – wer vermag die Ursache unserer Handlungsweise zu deuten – schweift mein Blick wie zufällig die Nachbargleise entlang.

Himmel – was steht dort für eine Lokomotive? Dieses schwarze Ungetüm mit den gelben Bändern und seiner glänzenden Stromlinienverkleidung? Das ist doch – –?

Es verschlägt mir den Atem.

Die 06!

Unbewußt bleibe ich stehen. Meine Begleiterin sieht mich verwundert an.

»Sie wollten so freundlich sein und nach der Abfahrtstafel schauen, wann ich weiterfahren kann?«

Die 06! Die noch nie gesehene 06!

»Ach würden Sie bitte – – – ?«

Langsam, ganz langsam komme ich zu mir. Wie? ja. Nein – ja, ich habe verstanden und eile nach der Abfahrtstafel, fliege in Windeseile die Reihen und Ziffern durch. Hier, Eilzug Gießen – Marburg – Kassel, Abfahrt um – ein Blick auf die Uhr – in fünf Minuten.

Den müssen wir kriegen. Ich mache mir nicht die Mühe, weiter zu lesen, das Stichwort ist vergessen. Nur schnell, schnell, daß ich die 06 betrachten kann.

Im Trab eile ich zurück, ergreife ihren Koffer.

»Kommen Sie schnell, Ihr Zug fährt in fünf Minuten von Gleis 18. Wir bekommen ihn bestimmt, wenn wir uns beeilen.«

In jeder Hand einen Koffer rase ich los, bin um Schritte voraus.

Sie trippelt hinterher, ich fühle es mehr als ich es sehe. Menschentrauben kommen uns entgegen, Gepäckkarren rollen dazwischen. Ich sehe nichts, ich höre nichts. Nur schnell, alles geht mir viel zu langsam. Die 06 ist da!

Voller Hast jage ich auf den Bahnsteig, reiße eine der bereits geschlossenen Türen auf, wuchte den Koffer hinein und verabschiede mich so rasch es geht mit einigen nichtssagenden Worten von meiner Reisegefährtin. Sie ist außer Atem, sie schluckt und schluckt, und ganz aus der Ferne höre ich es wie einen Hauch: »Leben Sie wohl!«

Dann wende ich mich ab und eile zurück. Am Bremsprellbock hält mich eine unsichtbare Kraft an, ich muß noch einmal zurückschauen. Dort steht sie, die großen Augen fassungslos auf mich gerichtet, noch immer an der gleichen Stelle.

Die 06!

Ein flüchtiger Wink. Weiter, zurück, zu der noch nie gesehenen größten deutschen Schnellzuglokomotive, Achsfolge 2 D 2. Sie scheint sich auf einer Probefahrt zu befinden. Da, dort hinten, von weitem glänzt ihr dunkler Stromlinienleib. Ich lege noch einen Schritt zu, der Atem geht keuchend vor Anstrengung und Aufregung. Ich schleppe meinen eigenen Koffer mit mir herum.

Gleich ist der Bahnsteig erreicht – warum steht sie auch so weit hinten – noch zwanzig Meter – da – nein – nein – das kann nicht wahr sein – halt – halt – – ein tieftönender Pfiff, Zischen, Dampf, langsam drückt die Lokomotive rückwärts aus der Halle, dumpf wummert der Auspuff gegen das Hallendach – fort – futsch – aus. Alles umsonst. Vorbei. Alles.

Wie eine kalte Dusche, wie ein Sturz in eiskaltes Wasser fällt jetzt der Gedanke an meine Reisegefährtin über mich. Bittere Scham kommt in mir auf. Wie konnte das geschehen? Wie konnte ich dies Mädchen so versetzen – was muß sie von mir denken? Ich Riesenidiot! Das Herz hämmert rasend schnell in der Brust, schmerzlich schnell. Vielleicht ist es noch nicht zu spät! Zurück zum Gießener Bahnsteig, vielleicht finde ich sie noch. Oh, dann ist alles gut – –! Im Laufschritt renne ich abermals über den Querbahnsteig. Den halben Bahnhof entlang, von Gleis 4 nach Gleis 18, keuchend, japsend, mit pfeifendem Atem.

Am Gießener Gleis angekommen, sehe ich gerade noch die Schlußlichter des Eilzuges aus der Halle gleiten.

Zu spät.

Alles zu Ende.

Ich könnte heulen vor Schmerz.

Was bin ich doch für ein Narr, was für ein riesengroßer dummer Narr!

Nachtfahrt

*N*un war das Los auch auf mich gefallen.

Vorbei alle Narretei, der bittere Ernst des Lebens forderte sein Recht. Ein Krieg war ausgebrochen und schuf einen völligen Wandel des Lebens.

Niemand konnte sich der Turbulenz der Jahre entziehen. Wie bei so vielen meiner Zeitgenossen fiel allmählich alles ab, was die Kultur mühsam aufgepfropft hatte. Wir wurden zu Herdentieren, die auf das Brummen des Leitbullen zu hören hatten, wir bestanden nur noch aus Führer und Gefolgschaft und sanken auf die primitivste Stufe des Zusammenlebens herab. Vorbei die Fahrten auf dahinjagenden Maschinen, vorbei die Bewunderung blitzender, kreisender Stangen, vorbei die Arbeit am Zeichentisch. An die Stelle der Tuchfühlung mit dem Eisen und Stahl des Feuerrosses trat die Tuchfühlung mit dem Nebenmann in Reih und Glied.

Es ist mir wenig erspart geblieben. Meine Altersgruppe gehörte zu jener für den Krieg gängigen Ware. Man schleppte mich durch ganz Europa, zwang mich, gegen Leute zu kämpfen, die mir nichts getan hatten. Ich lachte, schimpfte, fluchte, schwitzte mit so vielen, vielen anderen, und oft saß uns die nackte, würgende Angst im Nacken, die Angst, über die in all den phantastischen Kriegsbüchern so wenig geschrieben steht und die doch das Leben des Soldaten so hundsgemein bedrückt. Das einzig Schöne war, daß sich eine Anzahl Gleichgesinnter zusammengefunden hatte, die eine verschworene Gemeinschaft bildeten: Ein Pfarrer, ein Buchhändler, ein Lehrer, ein Opernsänger, dazu ich, ein Narr. Oder ging es nun mit der Narretei zu Ende? Es entstand eine herrliche Kameradschaft, die für vieles, was uns genommen worden war, einen wenigstens schwachen Ersatz bot. In zahlreichen Gesprächen während stiller Stunden haben wir die Dinge beim Namen genannt, wie es nur unter dem Damoklesschwert der Kriegsfurie möglich ist. Oder wir requirierten ein Klavier oder die Kirchenorgel im besetzten Städtchen, lehnten das Schießzeug in die Ecke, einer fand sich zum Bälgetreten, ich griff in die Tasten, und unser Heldenbariton begann: Die Himmel rühmen des Ewigen Ehre – – – –.

Schließlich beschloß man zu allem Überfluß, mich nach Afrika zu schleppen. Ein Dreivierteljahr lang schlugen sich Körper und Geist nicht nur mit dem Stumpfsinn des militärischen Tagewerkes, sondern auch noch mit den Unerträglichkeiten des Klimas herum. Die menschliche Intelligenz erschöpfte sich darin, das lächerliche Wüstennest Tobruk nach wochenlanger Belagerung zu erobern und für den Besitz eines Dreckhaufens mit Namen Fort Capuzzo sein Leben hinzugeben. Urplötzlich fiel im November 1941 das erlösende und schon an ein Wunder grenzende Wort: Urlaub!

Urlaub aus der Libyschen Wüste in die Heimat!

Die Bedeutung dieser einer Verheißung gleichkommenden Nachricht kann nur der ermessen, der selbst in ähnlicher Lage voller banger Erwartung auf den erlösenden Ruf geharrt hat, denn Schlaf, Nahrung und Urlaub, diese drei, waren das A und das O unseres Lebens geworden.

Urlaub aber hieß für mich – Eisenbahn!

Eisenbahn, welch seltsames Wort. Wann war ich zuletzt mit ihr gefahren? Richtig, damals, im langen Truppentransport nach Süden, nach Italien, Rom, Neapel, zweifelhaftes Vergnügen in zweifelhafter Zeit. Aber jetzt sollte der Ankunft in der Heimat eine lange, lange Fahrt mit der Eisenbahn vorausgehen. Vielleicht würde sich erweisen, ob die alte Narretei im Sande der Wüste begraben worden war.

Die Ju 52 – damals ein moderner Flugapparat – brachte uns über das Meer nach Athen. Gierig, wie zu neuem Leben auferstanden, saugte ich förmlich all die neuen Eindrücke in mich hinein, während der Geist die Fesseln der monatelangen Gefangenschaft durchbrach. Die Stätten des Altertums wurden voller Ehrfurcht besichtigt. Dann ging es im Urlauberzug – von einer G 10-Güterzuglokomotive gezogen, erste Begrüßung einer alten Bekannten, nach Saloniki, unterbrochen von einer durch Sprengung der Brücke im Thermopylenpaß bedingten Omnibusfahrt über die Höhen des Gebirges mit einmalig schönen Blicken auf die Inselwelt der Ägäis.

Saloniki – Skoplje – Nisch – Belgrad – Agram hießen die nächsten Stationen dieser Reise, die in tage- und nächtelanger Fahrt zurückgelegt wurde, voller Ungeduld und bereits von jener fieberhaften Spannung besessen, die beginnt, mit jeder Minute des Urlaubs zu geizen.

Graz: Eine 33^1, 2D-Personenzuglokomotive Reihe 113 der ÖBB, führte uns über den Semmering. Im Wiener Südbahnhof schlich ich trunken vor Freude um liebe alte Lokomotiven herum, raste von Bahnsteig zu Bahnsteig, um jeder Maschine meine Huldigung darzubringen, die bis heute Teil meines Lebens geblieben ist.

Die kürzeste Verbindung nach der Heimat führte von Wien aus über Prag nach Dresden. Spät am Abend kamen wir an, ich trennte mich dort vom letzten meiner Kameraden, der am Ziel angekommen war, und verstaute mein Gepäck im planmäßigen Schnellzug nach Leipzig, der weiter nach Erfurt – Frankfurt – Basel fahren sollte, wenn mich mein Gedächtnis nicht im Stich gelassen hat. Es handelte sich um einen Nachtschnellzug ohne Wehrmachtsteil. Aber wer achtet schon auf diese Dinge, wenn er von einem anderen Kontinent in die Heimat zurückkehrt und die Luft, wie neu geboren, tief in die Lungen saugt.

Ich scherte mich nicht viel um Sitzgelegenheit. Der Zug war gut besetzt, im ersten Wagen hinter der Lokomotive fand ich ein passendes Abteil, ein Liebespärchen turtelte auf den Fensterplätzen. Ich wollte nicht stören und ging nach draußen, um, bis zur Abfahrt des Zuges, zur Maschine zu eilen. Denn noch immer kam mir alles so unwirklich, so traumhaft vor.

Da stand sie. Mit langsamen Hüben lief die Speisepumpe. Aus den Zylinderhähnen kräuselte wie ein Hauch ein winziges Dampfwölkchen. Der schwarze Leib atmete und lebte, summte und sang sein hinreißendes Lied – ich hätte ihn streicheln mögen, diesen guten warmen Leib der Maschine, in dessen Innern man das Wasser brodeln und sieden hörte. Die schwache Beleuchtung des Außenbahnsteiges warf ein notdürftiges Licht auf das Räderwerk. Es bestand ja Verdunkelung, auch die Laternen der Lokomotive ließen nur einen schmalen Schlitz frei. Schwach glänzte die Betriebsnummer am Führerhaus:

18 008.

Darunter das Heimatbahnbetriebswerk: Dresden A.

Von der Plattform schaute das ruhige, biedere Gesicht eines älteren Lokomotivführers herab, der sichtlich verwundert ob meines nächtlichen Interesses an seiner Maschine schien. Einige Gesprächsfetzen, wie belanglos dahingeworfen, ergaben sich zwangsläufig:

»Urlaub?« –

»Ja. Gott sei Dank, endlich einmal.«

»Von wo komm' Se denn?« – Ach dieser warme, singende sächsische Dialekt, wie klingt er so solide und tröstlich aus dem Munde eines Maschinenmannes.

»Afrika!«

»Ach herrjeh! Von so weit her?«

»Leider.« –

Schweigen, Sinnen.

Die alte Stimme hebt wieder an.

»Wissen Se, mein Sohn is auch draußen. In Rußland. Ich ham 'n schon ein Jahr nich mehr gesehen.«

Wieder Schweigen, das plötzlich so ernst geworden ist. Es gibt wohl nur ein einziges gemeinsames Schicksal in jenen bittren Jahren. Ob mich eigentlich jemand versteht? Ich versuche eine Frage:

»Können Sie sich vorstellen, wie das ist, wenn man selbst mit Leib und Seele Eisenbahnnarr ist, und nun wieder vor einer Maschine steht?«

Der Lokführer denkt nach. Vielleicht hat er sich noch nie darüber
Gedanken gemacht, daß es Leute gibt, die sich für seine Maschine interessieren könnten. Oder doch?

»Ja, das kenne ich. Wissen Se, ich mußte als blutjunges Kerlchen
mit in den ersten Weltkrieg. Ypern! Kenn' Se doch? Ich wußte

mich damals nicht zu fassen, als ich zurückkam, das erste Mal hier die heimatlichen sächsischen Maschinen wieder sah. Mein Vater war auch Lokführer. Wir haben neben dem Bw gewohnt.«

Der Heizer ist von der anderen Seite um die Maschine herumgekommen, in der Hand die Ölkanne, prüfend schaut er nach den Lagern.

»Ja, ja – mein Junge wollte auch Lokführer werden. Aber nu is er schon so lange draußen. Wie war's denn in Afrika? War'n Se auch beim Rommel?«

Ja, wie war es in Afrika? Was sollte ich sagen? Schön, schlecht? Gab es überhaupt Eigenschaftsworte, die den Krieg in seiner ganzen Tragik umreißen konnten? Ich erzähle ein wenig. Der Mann hört zu. Ich spüre, er hört nur mit halbem Ohr hin, halb ist er mit seinen Gedanken bei seinem Sohn. Er überträgt das Gehörte zwangsläufig auf ihn. Inzwischen schreitet der Zeiger auf der Uhr weiter vor. Bald naht die Abfahrtszeit. Muß ich in den Wagen zurück? Jetzt?

»Meister, ich möchte so gern mal wieder auf der Maschine mitfahren. Geht's nicht?« –

Bedächtiges Schweigen.

»Wenn se uns erwischen, krieg' mer Theater. Die sind jetzt mächtig streng.« –

»Es braucht ja keiner zu sehen, Meister, es ist dunkel, ich verdrücke mich am Tender.« –

Es gibt noch gute Menschen. Vielleicht war es der Sohn, der so schwer seine Gedanken erfüllte, vielleicht war es Verständnis oder ganz einfach Mitleid. Wie lieb klangen seine Worte:

»Komm' Se 'rauf, aber nur bis Riesa! «

Der Zugführer steht ganz weit hinten in der Halle, die Luft ist rein, ich entere hurtig die Leiter zum Führerstand empor und möchte dem alten Manne um den Hals fallen vor Glück.

Weißt du, mein Freund, der du in deinen bequemen Sessel gelehnt, diese Zeilen liest, was es heißt, nach einem Dreivierteljahr hoffnungslosen Vegetierens im Wüstensand, unter glühender Tropensonne, im zermürbenden Heulen des Sandsturmes, des Ghibli, nach einer Reise, die wie ein Traum an dir vorübergezogen ist, die dir für wenige Tage das Leben eines Kulturmenschen vorgaukelt, das da Urlaub heißt, nun auf einmal, kaum eine Woche nach dem letzten Fluch auf das Schicksal eine Maschine zu betreten? Die Maschine, die Inhalt deiner Tag- und Nachtträume geworden ist? Das Leben nimmt viel ,und gibt viel. Selig der Mann, der in Demut solch große Geschenke entgegennehmen darf.

Ich stehe auf der 18 008, der sächsischen Pazifik-Schnellzuglokomotive Gattung XVIII H. Mir will alles wie im Märchen erscheinen. Ich fasse nach dem Eisen der Klapptür, ich streiche die rußige Tenderwand entlang. Es ist Wirklichkeit, kaum zu fassende Wirklichkeit. Ich möchte weinen vor Glück.

Der Lokführer lehnt aus dem Fenster, vergleicht seine Taschenuhr im Lichte der trüben Funzel im Führerhaus. Ich habe mich neben das Kohlenloch im Tender gestellt, damit man mich nicht sieht. Der Heizer ist ein schweigsamer Mann. Er scheint Tscheche oder Pole zu sein, genau habe ich das nicht herausbekommen. Mir fällt ein, daß ich die Taschen voller Zigaretten und Tabak habe, in Athen zuletzt noch gekauft, griechische Ware. Ich fingere unter dem Mantel herum, drücke dem Heizer eine Schachtel in die Hand, über dessen Gesicht ein freudiges Erstaunen, ein zufriedenes

Lachen geht. Wie wenig gehört dazu, einen Menschen glücklich zu machen. Ich reiche auch dem Lokführer zwei Schachteln hin.

»Nee, ich rauche nicht, na, schadet nischt, ich werd' se dem Jungen schicken, die ham in Rußland doch nischt zu qualmen.«

Der Mann sieht nach seinen Armaturen.

»Jan, schmeiß noch 'n paar Schippen 'rein, mir ham fünfhundert Tonnen derhinter.«

Als der Heizer die Feuertür aufreißt und die glühende Lohe herausflackert, mache ich mich ganz klein und drücke mich in meine Ecke, um ja nicht gesehen zu werden. Fünf, sechs Schaufeln knallen in das Feuerloch, dann fällt die Düsternis schlagartig wieder über uns. Wir sind geblendet und vermögen nichts zu sehen.

Der alte Lokführer wendet sich zu mir. »Ham Se Hunger?«

Wann habe ich das letzte Mal gegessen? Und was? Ölsardinen, die Standard-Ernährung des deutschen Afrika-Korps. Ich habe etwas gegen Ölsardinen seit jener Zeit.

Ich nicke. Der Soldat hat immer Hunger.

Der Mann holt seine Tasche hervor, kramt drin herum und langt zwei Schnitten dunkles Brot heraus, in die ich gierig hineinbeiße. Das erste Mal wieder ein richtiges Brot, wie zu Hause von der Mutter geschmiert. Es ist mit Blutwurst belegt, harte Räucherblutwurst, wie ich sie so gern esse. Ich schmatze mit seltenem Appetit diese heimatlichen Schnitten. Dafür will ich dem Lokführer nachher gern meine Ölsardinen ablassen.

Noch während ich mit vollen Backen kaue, ertönt der Abfahrtspfiff. Es geht los. Der Lokführer nimmt seinen Platz ein, ein letzter Blick auf die Armaturen, alles in Ordnung, ein Griff, Dampf rauscht mit grellem Zischen aus den Zylinderventilen, die Linke packt den Regler, ein behutsamer Druck nach links, das graue Haupt neigt sich nach vorn wie das Ohr eines Arztes, der nach den Herztönen seines Patienten lauschen will. Ein Zittern läuft durch die Maschine, eine kurze Vorwärtsbewegung, dann spüre ich förmlich, wie sich die Zughaken aller Wagen auf das Äußerste spannen, wie die Maschine sich anschickt, den riesigen Anfahrwiderstand zu überwinden.

»Wuff!« – dröhnt der erste Auspuffschlag aus dem Schornstein. Schade, daß es Nacht ist, daß die herrliche Dampfwolke, die jetzt aus dem Schlot drängt, nicht zu sehen ist. Die Rechte des Lokführers liegt am Sandstreuhebel, die Linke am Regler. Aber 18 008 ist eine brave Maschine, nur zwei schnell hintereinander folgende Auspuffschläge zeigen an, daß sie wohl des hohen Zuggewichtes halber ein wenig schleudern wollte, sich aber gleich wieder auf ihre gute Erziehung besonnen hat, das brave, schwarze Feuerroß. Wir fahren.

Der Lokführer hat den Regler nach links ausgelegt. Wie kräftig sie anzieht, die alte sächsische Maschine.

»Tschuwuwu tschuwuwu – tschuwuwu tschuwuwu –« hämmert der Auspuffschlag des Dreizylindertriebwerkes. Der Führer nimmt die Steuerung zurück, die Dampfdehnung wird wirksam, 18 008 beschleunigt mehr und mehr. Der Heizer muß wieder aufschippen, denn der Dampfdruck darf nicht zurückgehen. Aus der offenen Feuertür bellt der Auspuffschlag heraus. Ich beobachte diese Dinge, die ich schon hundertmal gesehen habe, sorgfältig und doch wie im Traum. Ich meine, im Kino zu sitzen und auf der Leinwand alles mitzuerleben. Gleich wird das große

Wort »Ende« erscheinen, das Licht angehen und die Türen zum Ausgang werden klappern.

Doch nicht?

Wir liegen in einer Kurve. Ich schaue nach rechts zurück. Die Zugschlange, die uns folgt, ist nicht zu sehen, ein ungewohntes Anblick. Verdunkelung! Die ganze Stadt liegt schemenhaft zu beiden Seiten des Bahnkörpers. Manchmal taucht hier und da ein dunkler Umriß gegen den Himmel auf, ein Haus, eine Fabrik, ein Schornstein. Wie hat sich das alles geändert, seit ich das letzte Mal auf dem Führerstand gewesen bin. Allein die vielen weißen, roten und grünen Lichter des Schienenstranges sind noch geblieben, sie leuchten wie eh und je.

Wir dampfen durch den Bahnhof Wettiner Straße. Ich mache mich wieder klein und dünn, um nicht gesehen zu werden. Dann dröhnt die Elbbrücke unter uns auf. Hell schimmert der Nebel unter uns und verhüllt den Fluß, der meine Fahrt schon in der Tschechei begleitet hat.

Gut, daß unser Zug lang ist und wir im Neustädter Bahnhof weit draußen am Bahnsteig stehen. Hier ist es dunkel, und dem Zugführer ist der Weg zu weit.

Eine Viertelstunde Aufenthalt. Der Führer nimmt einen Schluck aus seiner Kanne, die in der Wärmenische am Kessel steht.

»Durscht?« fragt er kurz und winkt mit der Kanne zu mir.

Nein, ich habe keinen Durst.

»Er hat schon so lange nicht geschrieben, der Junge.« Der alte Mann spricht es mehr für sich selbst als zu mir. »Meine Frau macht sich Sorgen. Wissen Se, wir haben nur den einen.«

Schweigen. Es ist zum Hinausschreien. Auf Schritt und Tritt, man kann gehen und stehen wo man will, verfolgt einen dieser wahnsinnige Krieg. Selbst hierher, bis zu dir, alter Lokführer. Jahrzehnte hast du auf der Maschine deine Pflicht getan. Wofür? Für ihn. Und nun? Vielleicht hat ihn eine blödsinnige Granate längst zerfetzt. Vielleicht liegt er mit steifgefrorenen Gliedern irgendwo in der Steppe, allein, verendet wie ein Stück Vieh. Vielleicht hat ihm einer eine Kugel in die Stirn geknallt, einer, der nicht lesen und nicht schreiben kann. Dem man nur befohlen hat, du mußt auf alles schießen, was dir in den Weg kommt, auf alles, hörst du?

»Zu Befehl, Herr Hauptmann, auf alles!«

Nun wummert der Auspuff wieder auf, kräftig, hart, nun drängen 1500 PS vorwärts, zerren am Zughaken, unwillig, ungeduldig, ob denn die träge Masse nicht ein wenig schneller der Bahn der voranstürmenden Maschine folgen will.

Die große Linkskurve kommt. Die Dresdener Vororte huschen schattengleich vorüber. Dürftig erleuchtete kleine Bahnsteige sind mehr zu ahnen als zu sehen. Die beiden Männer haben ihre Plätze eingenommen, hocken schweigsam auf ihren Schemeln, den Blick in die Dunkelheit gerichtet.

»Frei!« ruft der Heizer. Aber es klingt fremdartig, gebrochen. Er raucht eine Zigarette, man sieht nur das kleine rote Pünktchen.

»Frei!« – was ist das jetzt für ein Wort? Welch ein merkwürdiges Sprachgebilde? Äfft mich nicht das Echo, hohnvoll, satanisch? Frei! – Welch ein zertretenes, zerfetztes, gemartertes, von der Last der Jahrtausende zermahlenes Wort.

Radebeul fliegt vorbei. Dann Coswig. Wir machen schöne Fahrt. Die Geschwindigkeiten sind zwar herabgesetzt als Folge des

Krieges, aber achtzig, neunzig, an einzelnen Stellen auch hundert Sachen haben wir trotzdem drauf.

Das Tschuwuwu-tschuwuwu ist in ein gleichmäßig schnelles Huijuijuijuij-huijuijuijuij übergegangen. Ich stehe auf dem Klappblech des Tenders, auf dem Übergang, an die Tür gelehnt, der Platz des Zaungastes auf der Maschine. Glücklicherweise hat die frühere Sächsische Staatsbahn die Führerhäuser ein wenig großzügiger gebaut. Es ist hier nicht ganz so eng wie bei den Preußen. Wenn man aber nicht oft auf sächsischen Maschinen gefahren ist, will einem das Hartmannsche Führerhaus ungewohnt erscheinen. So manches ist auch in der Anordnung der Armaturen anders.

Es rüttelt und vibriert unter mir. Der Tender will manchmal seinen eigenen Weg gehen, aber daran mag wohl der Oberbau schuld sein, der nicht vom besten ist. Alle nasenlang behindert uns eine Langsamfahrstelle, und bei Priestewitz müssen wir ein langes Stück bis auf 50 km/h heruntergehen, fast eine Beleidigung für eine so große und schöne Schnellzuglokomotive, wie es die 18 008 ist.

Hin und wieder zeigt ein Signal Rot, aber im letzten Augenblick besinnt es sich noch und wechselt, so daß wir nicht zu halten brauchen. Es herrscht starker Verkehr auf der Strecke. Ein wenig meldet sich die Schadenfreude, als ich einen Truppentransport bemerke, der auf dem Nachbargleis an uns vorüberpoltert. Panzer, Geschütze, Mannschaftswagen.

Warte nur, warte nur, balde – –

Nein, nein, nicht daran denken, nur jetzt nicht! –

»Was kann mer denn dem Jungen am besten schicken? Was braucht ihr denn draußen am meisten?« fragt mich der Lokführer plötzlich, gerade als wir wieder auf ein rotes Signal zurollen. Die Antwort ist leicht. Was zu rauchen. Und was zu lesen. Und viel Post. Von der Heimat. Und wie es dem und jenem geht. Und was die Gisela macht. Und die Annemarie. Und das alles. Immer wieder. Der Alte nickt vor sich hin. Dann greift er wieder an den Regler.

»Tschuwuwu tschuwuwu – tschuwuwu tschuwuwu – –.« In regelmäßigen Abständen reißt der stumme Heizer die Feuertür auf, dann überfällt mich blendend der gleißend gelbe Strahl des Flammenmeeres. Ich muß die Augen schließen. Es hat einen faden Beigeschmack bekommen, dieses Feuermeer, wenn man aus dem Kriege kommt. Der blutrote Schein, der über den Kohlenberg des Tenders hinweg seine flackernden Schatten wirft, beschwört Erinnerungen, die man liebend gern aus dem Gehirn ausreißen möchte, ungeschehen machen, vernichten. Und doch muß ich aufpassen, wenn der Heizer mit dem langen Schüreisen hantiert, um ihn nicht in seiner Arbeit zu behindern.

Manchmal, wenn ich heute des Abends in meinem Pfühl liege und die Überlegungen des Tages die aufgepeitschten Nerven nicht zur Ruhe kommen lassen wollen, wenn einem noch dieses und jenes durch den Kopf geht in überspannter Wichtignehmerei des Tagewerkes, dann taucht plötzlich – wer mag die Gedanken nur lenken und leiten – jener Abend vor mir auf. Ich stehe wieder, vom fernen Kontinent zurückgekehrt, auf der rüttelnden, klappernden Maschine, mit der Rechten an der Tür Halt suchend, vor mir die ein wenig zusammengesunkene Gestalt des sächsischen Lokomotivführers, das graue Haupt im Takte der Kolbenbewegungen nickend, stumm in die Nacht starrend, still über dem Lärm, den Stahl und Eisen gegeneinander vollführen. Er hockt so einsam und verloren auf seinem Schemel, ein altes müdes Häuflein Mensch, das von den Klammern der Pflicht zusammengehalten wird. Derweil ruht irgendwo in der Stadt eine verhärmte Frau in ihren Kissen, schlaflos, die dürren Hände gefaltet. So sehe ich die Mütter nachts liegen, nachts – in den schweren Stunden des Alleinseins und warten – warten – Los der Mütter von Anbeginn der Welt an.

Ratatatammm – ratatatammm – ratatatammm – knallen die Räder der 18 008 ihren monotonen Takt in die Nacht hinaus und es klingt wie der aufgewühlte Herzschlag dieser blutenden, leidenden Erde.

Ich werde ganz ruhig, wenn ich an jenen Abend denke. Schneller als erwartet, neigt sich die Lokomotive in die große Kurve vor Röderau, der Lokführer ist vom Schemel aufgestanden, legt die Rechte ans Bremsventil und gibt einige leichte Bremsstöße. Dann rollen wir die Rampe zur Riesaer Elbbrücke hinauf. Meine Fahrt ist zu Ende, ich muß verschwinden, denn der nächste Halt ist schon Leipzig. Für den Rest des Weges heißt es wieder Fahrgast sein. Es ist neblig, der Fluß ist nicht zu erkennen, schattengleich huscht das Gitterwerk der Brücke neben uns vorüber. Dann poltern auch schon die Weichen des Bahnhofs Riesa unter uns auf, wir gleiten an den Bahnsteig, fahren wieder weit nach vorn und kommen mit sanftem Ruck zum Halten.

Ich verabschiede mich von den beiden braven Männern.

»Gute Fahrt noch!« rufe ich ihnen zu und der Lokführer winkt zurück. »Bleim Se hübsch gesund!«

Dann trolle ich mich, das Herz noch zum Bersten voll des unverhofften Erlebnisses, in meinen Wagen, in mein Abteil. Hoffentlich sind meine Sachen noch alle da. Ich habe mich in Dresden gar nicht mehr darum gekümmert. Nun, die alten Landser-Klamotten klaut sowieso keiner.

Das Abteil hat sich gefüllt. Das Liebespärchen sitzt Händchen haltend am Fenster, sie ist eingeschlafen, er hält furchtlos und treu Wache. Ein älteres Ehepaar ist hinzugekommen, mir gegenüber hat ein bejahrtes Fräulein Platz genommen. Ein Glück bei so viel Damenbesuch, daß ich mir noch schnell die Hände im Kabüffchen gewaschen habe.

Ich grüße und nehme meinen Platz ein. Der ältere Mann dreht sich zu mir um.

»Gut, daß Sie kommen. Die Streife hat Sie schon gesucht.« –

»Die Streife? Mich?« –

»Ja, die gehen doch alle Abteile durch, und hier haben sie nur Ihre Sachen liegen sehen und dabei gedacht, Sie wären vor der Kontrolle ausgekniffen. Leider wußten auch wir keinen Bescheid und konnten daher nichts dazu sagen.«

Puh! Die Wirklichkeit plumpst förmlich mit aller Brutalität auf mich hernieder, dem seligen Traum folgt kalte Ernüchterung. Was wollen die Kerle von mir? Das kann noch heiter werden.

Der Zug setzt sich wieder in Bewegung. Nur mit halbem Ohr lausche ich auf das wohlvertraute Tschuwuwu-tschuwuwu, das jetzt hier im Abteil in ganz anderer Tonart erklingt. Im Scheine der letzten trüben Laternen fliegen einzelne Dampffetzen vorüber. Ich sehe sie gut, wenn ich die Jalousie vor dem Fenster ein wenig lüpfe. Weichen poltern unter uns auf, wir biegen in die freie Strecke ein.

Da wird die Tür aufgerissen, hoch und breit steht die Gestalt eines Feldwebels vor dem Abteil.

»So, da sind Sie ja endlich! Wo haben Sie denn gesteckt?« –

»Ich war draußen, Herr Feldwebel, habe jemanden besucht.«

»Soso, komisch, daß Sie niemand gesehen hat. Zeigen Sie mal Ihre Papiere!«

Ich fahre in die Brusttasche, Soldbuch, Urlaubsschein mit dem so wichtigen Entlausungsvermerk. Ich reiche ihm beides hin. Er studiert den Schein sorgfältig. Dann geht ein triumphierendes Grinsen über seine Züge.

»Aha, hab ich mir's doch gedacht. Man kennt nämlich seine Leutchen schon. Was haben Sie in diesem Zug zu suchen?« –

»Ich fahre in Urlaub, Herr Feldwebel.«

»Ach, und da meinen Sie, Sie könnten einfach den ersten besten Zug benutzen, der im Bahnhof steht? Schon mal was von Fronturlauberzügen gehört?«

Die Situation wird peinlich. Die Mitreisenden blicken betreten zu Boden.

»Jawohl, Herr Feldwebel.«

»Sieh mal einer an. Und warum sind Sie nicht damit gefahren? Sie haben keine Genehmigung, planmäßige D-Züge zu benutzen. Was haben Sie sich dabei gedacht?« –

»Herr Feldwebel, ich komme aus Afrika und habe Urlaub und wollte so schnell wie möglich – –«.

»Nun kommen Sie mir nicht damit, die Tour kennen wir schon. Machen wir's kurz. Sie melden sich in Leipzig auf dem Bahnsteig bei mir, verstanden?«

»Jawohl, Herr Feldwebel!«

Die Tür knallt wieder zu. Die Mitreisenden halten die Köpfe gesenkt – oder schauen mich mitleidig an. Der ältere Herr schüttelt den Kopf.

»Nee, nee, so was.«

Der Zug hat inzwischen schöne Fahrt bekommen, der Wagen wiegt sich in den Federn und die Räder singen ihr gleichförmiges Lied.

Mir ist die Stimmung verdorben. Vielleicht wirkt sich auch die nervliche Anspannung aus, die Vielfalt der Erlebnisse, der Gedanke an das Zuhause, an die Eltern, die ich von Wien aus mit einem Telegramm von meinem Kommen unterrichtet habe, damit die Freude sie nicht überwältigen möge. Mutter konnte bestimmt nicht schlafen. Sie würde hinter dem Fenster sitzen und auf die nächtliche stille Straße blicken, auf den vertrauten Schritt lauschend, den eine Mutter unter Tausenden herauskennt.

Nein, nicht, daß ich nun zu Tode zerknirscht wäre ob des häßlichen Zwischenfalls. Ich bin nur ein wenig traurig. Ich muß an meine Kameraden denken, dort, in Bardia, in Sollum, die jetzt vor ihren Zelten stehen, weil der Bomber vom Dienst seine Lampions setzt und seine Sendung abwirft. Die alle mit ihren Gedanken hier in der Heimat sind, denen allein das Hoffen Kraft gibt, alles, was noch kommt, zu ertragen. Du, wenn wir erst mal zu Hause sind – – – Da werde ich – –, da muß ich – –, da will ich – – – !

Ich lausche auf das Arbeiten der Maschine. Dort sitzt der alte Lokführer auf seinem Schemel und wartet, daß auch sein Sohn nach Hause kommen möge. Vielleicht freut er sich, mir etwas Gutes getan zu haben. Er nimmt vielleicht gern die Strafe auf sich – es kann den Kopf nicht kosten – falls überhaupt jemand etwas gemerkt haben sollte. Ich kam ja von draußen, von der Front. Das findet Verständnis.

Nein, es zählt wohl doch nicht sehr, es kommen so viele von dort draußen. Und es ist wohl auch nichts Besonderes, draußen zu sein, in Rußland oder Norwegen, Kreta oder Afrika. Nein, wo kämen wir hin.

In Oschatz halten wir nicht. Es geht zügig voran, 18 008 hat es eilig, ans Ziel zu kommen. Wie Irrlichter gaukeln die Lampen von Wurzen vorüber, während der Zug zum Endspurt rüstet. Mitternacht ist längst vorbei. Um diese Zeit wird kein Anschlußzug mehr nach Halle verkehren. Ich werde im Wartesaal einige Stunden zubringen müssen und früh den ersten Arbeiterzug benutzen.

Hinter Wurzen hat der Streifenfeldwebel nodi einmal die Tür aufgerissen und sich überzeugt, daß ich auch noch vorhanden bin und mich nicht etwa wieder »gedrückt« habe. Wie zufrieden ist er doch, dieser Feldwebel. Er hat seine Pflicht getan, er hat einen erwischt, einen von denen, die da meinen, sie könnten es sich herausnehmen. Einer, der sich unsichtbar machen wollte. Man kennt sie ja schon, diese Bürschchen!

Der Lauf des Zuges wird langsam und langsamer, wir rollen aus, Leipzig ist erreicht. Ich suche meine sieben Sachen zusammen, verabschiede mich von den Mitreisenden und trete in den Gang. Der Zug schiebt sich an den Bahnsteig heran, nun nimmt uns die mächtige Halle auf, die Bremsen knirschen, rauschen – mit einem leichten Ruck kommt der Zug zum Stehen.

»Leipzig Hauptbahnhof – Leipzig Hauptbahnhof!« Eine weibliche Stimme ruft es aus dem Bahnsteiglautsprecher. Ich höre nicht recht hin, denn ich muß mich ja bei dem Streifenführer melden.

Er steht auch schon vor der Tür, als habe er mich erwartet. Sein Famulus, ein Unteroffizier, ist bei ihm. Sie nehmen mich in die Mitte und wir marschieren zur Sperre. Unser Weg geht an der Maschine vorbei, Leipzig ist Kopfbahnhof. Der Duft von heißem Öl und Dampf weht zu mir herüber. Die Pumpen der Maschine laufen, Schlag des Lokomotivherzens. Der Lokführer lehnt aus dem Fenster, während der Heizer unten auf dem Bahnsteig herumturnt und die Lager abfühlt. Scham kommt in mir auf, ich wage kaum, den Mann anzublicken. Was mag er von mir denken?

Was habe ich verbrochen? Dann schaue ich doch zu ihm hin und nicke ihm zu. Er blickt verdutzt drein ob meiner fragwürdigen Eskorte. Im Schwall der Reisenden drängen wir durch die Sperre, ich muß mich um meine Fahrkarte kümmern.

Die zwei Stützen des Vaterlandes bringen mich zur Bahnhofskommandantur. Dort habe ich erst einmal zu warten, wie es sich für einen Landser gehört. Dann macht der Feldwebel Meldung. Mein Steckbrief wird aufnotiert, Urlaubsschein und Soldbuch werden genauestens überprülft. Gott sei Dank fragt niemand, wo ich die ganze Zeit von Dresden bis Riesa gesteckt habe. Endlich kommt noch ein dicker Hauptmann, mustert mich und schnauzt mich an, warum ich dieses und jenes nicht wisse.

Schließlich kann man nicht umhin, mich wieder laufen zu lassen. Irgendwie sind die Männer enttäuscht, daß es keinen großen Fang gegeben hat. Es legt halt jeder Ehrgeiz in seine Arbeit. Warum nicht auch die Bahnhofskommandantur?

»Sie werden an Ihre Einheit zur Bestrafung gemeldet.«

Meinetwegen. Ich bin wieder draußen. Die Geschichte hat längere Zeit gedauert. Als ich den Querbahnsteig entlanggehe, ist 18 008 schon verschwunden. Wie schade. Ich wollte doch meine Ölsardinen stiften. Vielleicht hätten sie dem Lokführer und seiner Frau einen Genuß bedeutet. Wie gern hätte ich den alten Mann noch einmal gesprochen und ihm meine »Verhaftung« erklärt. Zu spät – –.

Es bleibt mir nichts anderes übrig, als in den Wartesaal zu gehen. Denn mit meinem Gepäck kann ich nicht draußen stehen bleiben. Ein Anschlußzug geht nicht mehr.

Im Wartesaal für die Wehrmachtsangehörigen herrscht Hochbetrieb. Erst nach langem Suchen finde ich noch einen freien Stuhl, denn überall sitzen, liegen Landser durcheinander, türmen sich Gepäckstücke, es sieht aus wie in einem Zigeunerlager.

Ich sitze still auf meinem Stuhl, in meinen Mantel verkrochen, und starre vor mich hin. Es geht mir so vieles im Kopf herum, der Schlaf will sich nicht einstellen.

Aber ich sollte mich doch freuen! Es sind nur wenige Stunden, dann bin ich zu Hause. Die Mutter wartet schon am Fenster. Der Vater hat längst die Flasche Wein aus dem Keller geholt, die extra für diesen Fall zurückgelegt worden ist.

»Wenn der Junge mal kommt.«

Nein, es ist nicht mehr die große Freude. Es war der Seligkeit zu viel. Ein Tropfen Wermut ist in den süßen Becher des Glückes gefallen.

*L*etzte Januartage 1945.

Beißende Kälte, der Wind pfeift über kahle verharschte Schnee-
flächen, ein trüber Morgen dämmert herauf.

Wir waren die ganze Nacht unterwegs gewesen, ein langer, langer
Eisenbahnzug, gedeckte Güterwagen für die Menschen, Rungen-
wagen für die Kanonen, ein Truppentransport, letztes Aufgebot
einer untergehenden Welt. Unsere Abteilung ist in der Heimat neu
formiert worden und bildet eine zusammengewürfelte Gesellschaft von Garnisondienstfähigen, Invaliden und vielen, vielen
jungen Arbeitsdienstmännern, Kerlchen von sechzehn und siebzehn Jahren mit blassen schmalen Gesichtern – ein genialer
Führer hat beschlossen, auch sie zum Sterben zu führen. Seit zwei
Tagen rumpelt unser Transport schon durch das weite Land ohne
rechtes Ziel, so wie dieser Krieg bereits kein Ziel mehr kennt.
Zuerst ging es nach Frankfurt an der Oder und weiter nach Wrie-
zen im Oderbruch. Dort hieß es plötzlich kehrt, wir rollen oder-
aufwärts, einem südlichen Frontabschnitt zu. Ja, wir sind wohl
noch in der Heimat, und doch ist das alles schon Frontgebiet, so
nahe ist der Krieg gekommen. Gibt es so etwas überhaupt noch

wie eine Front? Wo steht der Gegner? Wilde Gerüchte laufen umher, ein jeder will etwas neues gehört haben, Parolen von der Wunderwaffe geistern und spuken in den Köpfen, und die Verblendung ist so groß, daß nicht wenige noch an den Endsieg glauben. Das eroberte Feindesland ist längst aufgegeben, es geht um die eigene Heimat, der Krieg beginnt uns am eigenen Leibe zu treffen und uns das heimzuzahlen, was wir fremden Völkern Jahre zuvor angetan haben.

Rüttelnd und klappernd rollt unser Zug einem ungewissen Schicksal, einer hoffnungslosen Zukunft entgegen. Die Nacht war schlimm gewesen. Das wenige Stroh, das im Güterwagen liegt, reicht nicht aus, um gegen die aus allen Ritzen dringende, bohrende Kälte zu wärmen. Zwar steht ein Ofen in der Mitte des Wagens, aber er ist ausgegangen. Wer soll ihn bedienen, wer vermag die schlaftrunkenen Augen wach zu halten?

Ein bleierner Halbschlaf liegt hinter mir, meine Glieder sind kalt und steif, mühsam versuche ich sie zu bewegen. Der alte Güterwagen mit seinen ausgeleierten Achsen rumpelt und rattert, klappert in allen Fugen und vollführt einen Höllenlärm. Die Holzteile ächzen, knarren wie Bäume des Waldes im Sturm. Bei jedem Schienenstoß paukt eine unsichtbare Faust in mein Kreuz. Ich versuche, mich aus dem Gewirr von Armen und Beinen, von Schläfern, Rucksäcken, Gepäckstücken, Kisten und Kasten herauszuwickeln. Die Hand greift automatisch in die Tasche zur Zigarette, um wenigstens unter der Nase etwas Wärme zu erzeugen. Durch einen Spalt in der Schiebetür dringt das trübe Licht eines fahlen Wintermorgens herein. Vorsichtig taste ich zur Tür, um ja niemandem auf die Füße zu treten. Wo mögen wir überhaupt sein?

Draußen ist alles weiß. Kaum, daß einmal ein Baum, eine Hütte, die Umrisse eines Hauses die weiße Fläche unterbrechen. Wie ein weißes Tuch liegt die Ebene zu beiden Seiten unserer Fahrt ausgebreitet.

Ach, dieses so geliebte, wohlvertraute Geräusch der Schienenstöße! Tamm – tamm tamm – tamm tamm – tamm tamm – – ja, ja, ich fahre, ich fahre wieder einmal mit der Eisenbahn, mit einem richtigen Zuge. Da – hörst du nicht draußen das Hecheln der G 12? Jenes eigentümliche Arbeitsgeräusch der Drillingsmaschine?

G 12? 1'E-Dreizylinder-Güterzuglokomotive? Meinetwegen. Was ist das schon. Hoffentlich halten wir bald und empfangen heißen Kaffee, wenn ihn der Küchenbulle nicht verpennt hat. Verdammte Kälte. G 12? So ein Quatsch!

Ein Windstoß faucht bösartig gegen die Tür, ich versuche, den letzten Spalt noch dichter zu schließen. Es gelingt nicht, festgefrorener Schnee hat sich auf die Laufschiene gesetzt.

Ich rauche die Zigarette zu Ende. Nur um etwas zu tun, erbarme ich mich des Ofens, stopfe Stroh hinein, lege Briketts auf, zünde das Feuer an. Mörike fällt mir dabei ein: Früh, wenn die Hähne krähn, eh die Sternlein schwinden, muß ich am Herde stehn, muß Feuer anzünden – – – Blödsinn! Wolken weißen, beißenden Qualms dringen aus der Feuertür heraus, ich rüttle und stochere herum, bis sich der Qualm endlich besinnt, seinen Ausweg vernünftigerweise durch das dafür vorgesehene Rohr zu nehmen. Die Kameraden sind zum großen Teil wach geworden, sie husten und schimpfen, ich bekomme einige Schmeicheleien ob meines Räucherwerkes zu hören. Dann sind sie doch froh, daß der Ofen in Gang gekommen ist. Jemand hat eine Schnapsflasche entkorkt und reicht sie herum. Ah – wie tut das gut – noch ein Schluck – welch Labsal, Opium des kleinen Landsers, das ihm hilft, den Krieg zu ertragen.

Die Fahrt des Zuges verlangsamt sich, die Dampfpfeife der G 12 wimmert auf, die Bremsen kreischen ein wenig, nicht sehr, nur so als wollten sie sagen, wir sind noch da. Jemand schiebt die Tür einen Spalt zurück und starrt in den Morgen hinaus. Sprachfetzen hallen nach drinnen und draußen.

»Mensch, wo sind wir denn? Wo die uns wieder hinfahren!« –

»Heutzutage führen alle Wege in die Heimat!«

»Na denn Prost!« –

Unregelmäßige Schläge unter den Rädern, wir poltern über Weichen, ein Stellwerk gleitet im Morgendunst heran, der Stationsname steht angeschrieben – halt – wie heißt der Ort? Neusalz (Oder).

Geographische Kombinationen werden angestellt, in welcher Gegend des Großdeutschen Reiches dieses Neusalz sich befinden mag. Dann verlangsamt der Zug weiter seine Fahrt und kommt mit mattem Kreischen der Bremsklötze zum Stehen.

Wir schauen hinaus, an allen Wagen haben sich die Schiebetüren geöffnet. Vermummte, ungewaschene, unrasierte Gestalten blicken heraus. Der Zugführer turnt umher, spricht mit dem Transportführer. Schließlich das Kommando: Kaffee holen!

Das Klappern der Kochgeschirre schafft Abwechslung in die Geräuscharmut unserer Welt. Ich blicke durch einen Türritz nach der anderen Seite, um wenigstens einen schwachen Überblick zu erhalten, wo wir uns befinden. Einige halb verwehte Gleise, Schnee, überall Schnee, dort drüben, am Rande des Bahngeländes eine schwarze Masse, Umrisse einer Lokomotive, nur schwach zu erkennen.

Eine Lokomotive? Die Gedanken sind träge geworden, stumpf und träge, sie kreisen um die Primitivitäten des Lebens, sie folgen nur noch dem Nähr- und dem Schlaftrieb. Geistig sind wir längst weggetreten. Der Schnaps auf nüchternen Magen ist nicht ohne Wirkung geblieben, die Nervenreflexe laufen noch langsamer, der Mensch nähert sich zusehends dem Stumpfsinn, apathischer Gleichgültigkeit. Oder doch nicht?

Eine komische Lokomotive, das da drüben, das ist doch – – –

Ich reiße die verquollenen Augen auf und starre auf die schwarze Masse. Nein – ist das nicht – – –?

Eine S 6!

Ich springe aus dem Wagen, während die Kameraden mit dem Kochgeschirr heißen Kaffee empfangen, turne am Wagenende über die Puffer. Die Füße stolpern auf dem hartgefrorenen glatten Schnee, gleiten aus, der Wind sprüht mir ein feines Wölkchen Schnee ins Gesicht, ich achte nicht darauf.

Wahrhaftig, eine S 6!

Nun steht sie vor mir, schwarz, verrostet, kalt, müde, alt, stumm. Schnee liegt auf dem Kessel, auf dem Umlauf, an den windgeschützten Stellen. Die zwei Meter zehn hohen Treibräder stecken in einer Schneewehe, Schnee verdeckt die Schienen. Bei jedem Schritte sinke ich tief ein.

Langsam stapfe ich um die Maschine herum, buchstabiere die verwaschene Betriebsnummer. Die Führerhausbeschriftung ist nur schwach zu erkennen. RBD Posen, Bw Gnesen kann ich entziffern. Es ist eine 1918 auf Grund der Waffenstillstandsver-

handlungen an Polen abgegebene 2'B-Zweizylinder-Sdinellzuglo-komotive der preußischen Gattung S 6, eine jener berühmten frühen Heißdampflokomotiven, deren Bau noch der alte Feuer-kopf Garbe betrieben hat. 1939, nach der Besetzung Polens, ist sie wieder an die Reichsbahn gekommen.

Die Gedanken purzeln durcheinander. Wann habe ich die letzte S 6 gesehen? 1924? Oder war es 1925? Zwanzig Jahre liegen dazwischen, zwanzig schon Geschichte gewordene Jahre, die eigene herrliche Jugend – nein, nicht daran denken, nur jetzt nicht daran denken – die Studienzeit, Weimarer Republik, Wirt-schaftskrise, Machtübernahme, die Sieg-Heil-Episode, Haß, Ge-walt, Mord, Krieg, Bomben, ach, was kann sich in zwanzig Jahren alles ereignen!

Ob das Firmenschild noch zu finden ist? Wie alt mag die Maschi-ne sein? Dort am Zylinder ist es angeschraubt. Die Buchstaben sind mit Schmutz verkrustet: Linke-Hofmann-Werke, 1906. Nun, auch nicht mehr die jüngste mit ihren fast vierzig Jahren. Ein spätes Mädchen, ihre Geschwister sind in Deutschland schon lange ausgestorben, auf den Bahnen des polnischen Flachlandes hat sie sich aber noch recht nützlich gemacht. Nun ist sie wieder in die angestammte Heimat zurückgekehrt.

Vorsichtig entere ich die Leiter zum Führerstand empor, hocke mich auf den runden hölzernen Sitz. Der Wind faucht von hinten herein. Auf dem Tender liegt noch ein Rest Kohle, die Feuertür steht offen, Schlacke bedeckt den Rost, die Lokomotive scheint unter Dampf hierher gefahren zu sein. Dann hat man sie einfach stehen lassen.

Wie ist alles so tot und öde. Durch die trüben, blinden Scheiben im Führerhaus fällt ein milchiges Licht. Mich fröstelt, wie trostlos ist das alles, trostlos wie der ganze Krieg.

Es ist eine gestorbene Maschine, kaum jemand wird sie wieder zum Leben erwecken. Wer braucht noch eine S 6, wenn der Krieg vorbei ist, dieses Überbleibsel aus einer Zeit, die wir, unsere Generation, nunmehr endgültig zu Grabe tragen? Welch stolze Schnellzüge mag sie wohl einst gefahren haben? Den Paris-Warschau-Expreß? Oder den kaiserlichen Hofzug? Vielleicht den Salonwagen des Reichskanzlers? Urlauberzüge im ersten Weltkrieg? Und ihren polnischen Herren wird sie fleißig gedient haben.

Nein, sie schweigt, sie gibt keine Antwort, sie ist ein totes Stück kaltes Eisen, unangenehm kalt vor Frost. Ich versuche, den Regler nach links zu schieben – er bewegt sich nicht. Das Handrad der Steuerung läßt sich nicht drehen, Griffe und Bedienungsbebel sind eingefroren oder eingerostet, man kann es nicht unterscheiden, alles ist tot – kalt und tot – –.

Du, weißt du noch, wie du das erste Foto von einer S 6 bekamst, damals? Du warst noch ein Junge. Wie war das spannend, bis du heraus hattest, wie die Typenbezeichnung dieser hochbeinigen Maschine lautete. Haha, du wußtest gar nicht, daß das eine S 6 war. Und dann hast du das Bild säuberlich aufgeklebt, in ein Heft hinein. Jeden Tag hast du dir das Bild betrachtet. Jeden Tag nach der Schule, damals – – nein, nicht daran denken – – nein – nein –!

Ich klettere die Leiter wieder hinab, es ist so bedrückend hier oben auf dem Führerstand in dieser stillen blassen Welt. Die Hände sind auch kalt geworden, die Füße frieren, ich stapfe zu

meinem Zug zurück. Die Gedanken werden wieder träge. Halb
unwillig drehe ich mich noch einmal um.

Wie ein vergilbter Schattenriß liegt sie da, die stolze Maschine.
Der dünne, überhöhte Schlot ragt beinahe grotesk in den grauen
Himmel. Dahinter der Dom, der eckige Sandkasten, der Lüftungs-
aufsatz zum Führerhaus, seltsame Kulisse einer zufälligen Begegnung, einer armseligen Begegnung.

Auf der anderen Seite klappern Kochgeschirre. O weh, mein
Kaffee.

Da brüllt es auch schon: »Einsteigen!«

Die G 12 pfeift. Ich klettere in meinen Wagen zurück. Die Kameraden sitzen herum, schlurfen den dampfenden Kaffee, schneiden
große Stücken von dem schwarzen Kommißbrot herunter,
schwatzen, rauchen. Der Zug ruckt an, ein Kochgeschirr, das am
Boden stand, kippt um.

»Verdammte Sauerei«, brüllt eine Stimme auf, »paß doch auf
deinen Trog auf, du Idiot!«

Ich starre durch die Ritze in der Tür. Die S 6 entschwindet. Dafür
schnauft es auf dem Nachbargleis heran, heiser, ein wenig kurz-
atmig, eine G 10. Ein langer, langer Wagenzug klappert hinter ihr
her, lauter offene Güterwagen, vollgestopft mit Menschen. Wie in
einem Kasperletheater schauen einzelne Köpfe über die Bord-
wände, Frauen, Kinder, Greise, die Häupter verhüllt, bedeckt mit
hohen, altmodischen Hüten, schwarzen Tüchern, manche Gesichter sind gar nicht zu sehen. Der Abdampf der G 10 senkt sich in
Schwaden auf die bejammernswerte Fracht hinab, auf diese sich
duckende, leidende, elende Menschheit. Ein Flüchtlingszug. Er
kommt von dort, wo das Ziel unserer Reise liegen wird.

Unsere G 12 pustet kräftig los. Wir rollen schneller, der Gegenzug ist bald vorüber. Wie nebensächlich gleitet ein menschenleerer Bahnsteig vorbei. Ein Stellwerk, ein Haus mit gefrorenen Fensterscheiben, öde, verlassen. Darunter eine verwaschene Schrift, mit weißer Farbe auf die dunklen Ziegel gemalt:

Räder müssen rollen für den Sieg. – – –

Dann sind wir wieder allein in dieser grauweißen Landschaft, rumpeln, rattern, klappern dahin – tamm tamm – tamm tamm tamm tamm –.

Im Wagen wird es allmählich still. Die Tür ist geschlossen worden, es ist wieder dunkel, die Augen gewöhnen sich an den Dämmerschein.

Die Kameraden legen sich einer nach dem andem lang, wickeln sich in ihre Decken, krauchen in das Stroh.

Nun habe ich noch nicht einmal warmen Kaffee bekommen wegen dieser albernen S 6. Was bin ich für ein Tor, rede ich mich selbst an, für ein alberner dummer Narr.

Man sollte solche Narren nicht in den Krieg schicken.

Sie würden ihn über einer alten S 6 glatt vergessen.

Das wäre schlimm, wirklich schlimm.

Bahnsteig

*J*ahre sind vergangen, seit die letzte Sondermeldung den bevorstehenden Endsieg verkündet hatte.

Nach dem totalen Krieg kam der totale Friede und vor allen Dingen bald darauf der totale Wohlstand. Man hätte nur eher wissen sollen, welch eine segensreiche Erfindung solch ein Wohlstand ist.

Auch die Eisenbahn fuhr wieder. Nicht eben gerade schön, aber sie rollte doch wenigstens, wenn auch die Schienen einige Schönheitsfehler aufwiesen. In einer Zeit, in welcher sich die halbe Nation auf der Achse befand, vollbrachten die Eisenbahner noch einmal Leistungen, von denen kaum gesprochen wird. Es ist so, als wolle man die Jahre nach 1945 am liebsten aus dem Gedächtnis auslöschen, denn das Leben begann erst wieder an jenem bekannten Kopfgeld-Stichtag des Jahres 1948.

Viele Jahre sind seitdem vergangen. Wie hat sich alles so verändert. Weit liegen die Übel des Krieges hinter uns zurück. Wir haben sie bereits vergessen. Oh, das ist nicht gut. Nein! Kriege haben die Eigenschaft, sich zu wiederholen, wenn man sie zu schell vergißt. Manchmal, nur so zum Spaß, genehmige ich mir selbst ein kleines Vergnügen. Wenn die Woche hart war, die Arbeit eine Last oder das Wetter schlecht und die Laune mißgestimmt, dann sage ich zu mir selbst: Du hast eine Pause verdient, mein Lieber. Du solltest dich einmal um die Eisenbahn kümmern.

Dann werden Landkarte und Kursbuch hervorgesucht, ein günstiger Zug ausgewählt und der neueste Wetterbericht eingeholt. Sonnabend oder Sonntag früh, wenn der Tag eben beginnt, geht es los. Meine Frau begleitet mich oder mein Sohn, auf den sich eine gelindere Form der alten Narretei vererbt hat. Dann geht es hinaus, dorthin, wo die Strecke aus den Bergen kommt oder die Bahnlinie stille Wälder durchschneidet. Hinauf auf den Distelrasen oder in den Odenwald, ins Alsenztal oder zum Spessart. Überall dorthin, wo es schön ist.

Wenn ich dann auf dem stillen Feldweg neben dem Gleis einherwandere und plötzlich aus der Ferne das Grollen eines Zuges vernehmbar wird, da stelle ich fest, daß ich immer noch der alte Narr bin. Ich bleibe stehen, meine Frau setzt sich wohl derweil auf einen Feldstein, und wir harren voll kindlicher Beglückung dem Erlebnis des vorbeifahrenden Zuges entgegen.

Nicht immer lockt das Wetter zu einer größeren Unternehmung. Denn der Wettergott wird arg strapaziert und kann nicht nur auf den Wochenendwanderer Rücksicht nehmen. Dann sage ich mir: Wie wär's mit einem Spaziergang auf den Bahnsteig? Das ist ein Vergnügen, das schon für 20 Pfennig zu haben ist und dabei mehr bietet, als die Kinoprogramme einer ganzen Stadt zusammengenommen.

Siehst du, lieber Freund, wenn du also mit einem der berühmten Züge durch das Land fährst und vielleicht auf einem der größeren Bahnhöfe umsteigst, oder wenn du gelangweilt aus deinem

Abteilfenster schaust, dann siehst du wohl dort hinten, wo der Bahnsteig zu Ende geht, wo er jäh abbricht oder allmählich eins wird mit den ausgedehnten Gleisanlagen, einen Mann stehen, nicht mehr ganz jung, an einen Lichtmast gelehnt oder in langsamem Schritt hin und her promenierend, die Hände auf dem Rücken verschränkt. Siehst du, mein Freund, das bin ich.

Seit meiner Kindheit ist es zur lieben Gewohnheit geworden, von Zeit zu Zeit auf den Bahnsteig zu gehen. Damals – wie lange ist es schon her – waren jedesmal prickelnde Augenblicke mit dieser weihevollen Handlung verbunden. Erstens kam ich mir so ungeheuer wichtig vor, wenn ich allein den Bahnsteig inspizierte. Ich bildete mir ein, alle Leute würden sich nach mir umdrehen und überlegen, welch geheimnisvolle Mission ich wohl auszuführen hätte. Zum anderen knisterte schon beim Betreten des Bahnhofsgebäudes meiner Heimatstadt, das mit seiner mächtigen altväterlichen Kuppelhalle an Imposanz nichts zu wünschen übrig ließ, die Spannung hörbar in meinem Innern, und das Herz schlug beträchtlich schneller in Erwartung kommender Ereignisse.

Wie oft muß ich daran denken, wenn ich heute meine Runde über die Bahnsteige der benachbarten Großstadt mache. Es ist vieles nüchterner geworden, so vieles sachlicher. Die Eindrücke haben ihren Glanz und ihre Leuchtkraft eingebüßt. Vielleicht kommt es daher, daß man zu viel weiß, zu viel erlebt hat und der Glorienschein des Eisenbahnwesens es nötig hätte, einmal neu aufpoliert zu werden.

Nein, es sind nicht nur die Maschinen, die Wagen, die Züge, die mich auf den Bahnsteig treiben. Nein, es ist das Leben selbst, das hier – fast möchte man sagen – hautnah zu verspüren ist. Hier sind die Menschen natürlicher, ungekünstelter, hier treten die Gefühle ursprünglicher hervor als auf dem Boden konventioneller Räume. Hier wird auch das Elend und der Jammer der Menschheit noch gespenstischer sichtbar, der Bettler, der Ganove, die Dirne – sie alle lungern irgendwie vor oder im Bahnhof herum, so, als wollten sie verreisen und wüßten doch kein Ziel.

Hier auf dem Bahnhof ist es wirklich zu greifen, mit der Hand zu packen, das berühmte volle Menschenleben.

Manchmal trage ich auch einem alten Mütterchen den Koffer. Oder erteile Auskünfte. Nach Limburg? Gleis 22! Nach Mainz? Bitteschön, Gleis 1, der Zug wird gleich abfahren.

Oder ich setze mich auf eine der Bänke, die auf dem Bahnsteig stehen, und lasse die Wogen um mich herumschlagen, lasse die Brandung des eingefahrenen Zuges donnern, stehe beiseite, ein Hölzlein, das vom Strudel des Lebens in eine stille Lagune gespült worden ist, bis die nächste Welle es wieder fortreißt, immer weiter – wohin?

Wenn man älter wird, schweift der Blick zurück. Eine alberne Marotte, gegen die man sich merkwürdigerweise gar nicht wehren kann. Man bildet sich beinahe noch etwas ein, hält sich etwas zugute, daß man schon so viel erlebt hat und wartet auf den Tag, wo man endlich weise wird, wie es für das Alter verheißen worden ist. Als wenn man etwas dafür könnte, als wenn ein Verdienst darin läge! In meiner Heimatstadt lief früher der Besuch des Bahnhofes nach einem genau festliegenden Plan ab. Dabei kam es auf jede Minute an. Gegen halb fünf Uhr des Nachmittages wurde nämlich das große Programm geboten. Es begann damit, daß gegen 16.23 Uhr der D 105 aus Kassel, gewöhnlich von einer P 8 geführt, einlief. Er hielt eine gute Viertelstunde, nicht allein wegen des Maschinenwechsels, nein, er mußte den D 39 als Anschlußzug aus München abwarten, denn der D 105 lief weiter Richtung Cottbus – Sagan – Breslau. War der 105er glücklich herein, dann begannen die Gewissensnöte. Der D 131 aus Wesermünde über Hannover und der D 39 aus München liefen meist gleichzeitig ein, leider der erste auf Bahnsteig 5, der andere auf Bahnsteig 3. Beide wechselten die Lokomotive. Meist zog ich den D 39 vor, weil er gewöhnlich recht lang und schwer war und der Lokwechsel mit der entsprechenden Spannung vor sich ging. Der schönste Augenblick kam jedoch, wenn der D 105, und der D 39 zu gleicher Zeit – ein häufiger Fall – losfuhren. Hei, was hat da die Bahnhofshalle gewackelt, wenn die wilde Jagd anhub. Natürlich veranstalteten die Lokführer beider Züge eine Wettfahrt, zumal die Strecken gut fünf Kilometer weit nebeneinander herlaufen. Ich glaube, ich kann mir jeden Kommentar sparen, der Leser wird selbst über die nötige Phantasie verfügen, sich das köstliche Schauspiel vorzustellen. Schließlich mußte zehn Minuten vor fünf noch der D 184 begutachtet werden, der in Halle auf Dampf umspannte, solange die Magdeburger Strecke noch nicht elektrifiziert war. Das ganze schöne Programm geriet natürlich durcheinander, wenn ein oder mehrere Züge Verspätung hatten, oder der 39er in Ferienzeiten in zwei Teilen gefahren werden mußte. So oder so bedeutete für mich der Besuch des Bahnsteiges ein kleines Fest und vermittelte Eindrücke, die über Jahrzehnte haften geblieben sind.

So ist das. Vierzig Jahre lang plagt mich nun schon die Eisenbahnnarretei.

Sie ist eine böse, gefährliche, unheilbare Krankheit. Ich werde sie mit ins Grab nehmen müssen.

Ab und zu genehmige ich mir einen absonderlichen Spaß. Wenn ein Zug zur Abfahrt gerüstet ist, dann gehe ich vor zur Lokomotive, einer Dampflokomotive natürlich, und nehme eine Nase voll Duft nach Öl, Dampf und Rauch. An der Elektrolok gibt es nichts zu riechen, der Odor der Dieselmaschine ist mir widerwärtig, ein unästhetischer Gestank. Aber der Geruch der Dampfmaschine, diese Komposition aus heißem Öl und heißem Dampf - - - Narrenparfüm!

Das Leben des Studenten von einst und zum Teil auch von heute wird durch eine chronische Geldverlegenheit bestimmt, zumal wenn man nicht im Hause Krupp geboren wurde. Um die Weihnachtszeit bot sich alljährlich eine herrliche Möglichkeit, an den wertvollen schnöden Mammon zu kommen. Die Post stellte Aushilfskräfte ein. So rückte ich denn zehn Tage vor Weihnachten zum Posthilfsarbeiter auf, selbstverständlich nur beim Bahnpostamt.

Ich glaube, ich war der einzige in dem großen Betrieb, der mit Begeisterung bei der Sache war. In meiner rabenschwarzen Seele waren mir zwar die Päckchen und Pakete höchst gleichgültig. Aber ich hatte Zutritt zu den Gepäckbahnsteigen. Da ich den Nachtdienst vorzog, meine Kollegen von der Postfakultät aber durchaus nicht erpicht waren, um Mitternacht sich auf die kalten, verschneiten, zugigen Bahnsteige zu postieren, konnte ich meine Gefühle hemmungslos austoben lassen. Das Bahnpostamt war durch einen langen Tunnel mit sämtlichen Gepäckbahnsteigen verbunden. Wir rollten die gelben Drahtkästen, sprich Paketkarren, von den Bahnsteigen über Aufzüge unmittelbar in die große

Verteilungshalle im Keller des Postgebäudes. Die Anlagen waren sehr ausgedehnt, der hallische Bahnhof besitzt sechs oder sieben Postbahnsteige, genau weiß ich das gar nicht mehr. Man konnte sich also auch einmal unsichtbar machen, das um so mehr, als gegen Mitternacht eine ganze Reihe von Zügen kreuzten. Manchmal tauchte damals eine von den Grunewaldern Vierlings-S 10 auf als Vorspann vor einem schweren Fernzug, einzige Möglichkeit, sie zu sehen, da alle anderen Maschinen bereits anfangs der Dreißiger ausgemustert worden waren. Huh, es war mitunter schon recht kalt in jenen Vorweihnachtstagen, und um Mitternacht pfiff der Wind ganz niederträchtig. Was tut's? Ein rechter Narr stellt sich auch um Mitternacht auf den Gepäckbahnsteig vor seine über alles geliebten Lokomotiven.

Leider gab es auch Störungen.

»Sie da hinten, fassen Sie mal gefälligst mit an!« weckte ein Ruf den Träumer in die rauhe Wirklichkeit. Oder aber der Oberpostpaketevorsteher inspizierte: »Wo treiben Sie sich denn herum? Was haben Sie nur dauernd auf dem Bahnsteig zu suchen?«

Dann hieß es wieder, hochgetürmte Karren mit dem Fahrstuhl in die Katakomben befördern und den langen Gang entlangschieben.

In den frühen Morgenstunden, so nach zwei Uhr, wenn alle Züge abgefertigt waren und auch der letzte Postzug davonfuhr, dann trat wohl etwas Ruhe ein. Die alten Posthasen rückten in die Nähe der Dampfheizung, schlurften ihren heißen Kaffee oder trieben ganz einfach ein wenig Augenschonung, während ich einsam und allein auf dem Bahnsteig Wache hielt, allein in der nächtlichen Stille, in Schnee und Kälte, in das von schaukelnden Lampen unruhig erhellte Bahnhofsvorfeld blickend. Der verharschte Schnee knirschte außerhalb der Hallen bei jedem Schritt, die Kälte malte große gelbe Höfe um die Lichtkegel der Laternen, die Gleise blitzten wie feine silberne Linien in der Dunkelheit.

Zauber der Schiene.

Manchmal ging ich auch zur Rangierlokomotive, die um jene Stunde eine Pause einlegte und draußen am Bahnsteig stand. Der Lokführer zog den Aufenthalt in der warmen Bahnhofskantine vor, indes der Heizer allein auf seinem Sitz vor sich hindöste. Dann kletterte ich wohl ebenfalls hinauf – man kannte mich schon – der Heizer öffnete die Feuertür und schloß die Vorhänge, es wurde warm in der Bude und eine heimlich unheimliche Stimmung breitete sich aus, gespenstisch fast und doch beseligend. Der Heizer, meist ein junger Kerl, erzählte, klönte und schnitt gewaltig auf, er gab an, was er für ein tüchtiger Kerl sei. Und es machte doch so viel Spaß, ihm zuzuhören, auf sein närrisches Geschwätz zu lauschen wie einem Märchenerzähler der alten Zeit.

Heute zieht es mich nicht mehr so unbedingt zu den Maschinen hin. Man kennt sie inzwischen in- und auswendig. Im Gegenteil, wenn ich heute sehe, wie ungepflegt und verkommen manche Dampflokomotive aus dem Hause fährt, beginne ich mich zu ärgern. Ärger schadet jedoch der Gesundheit. Wenn man älter wird, kommt man zwangsläufig dazu, auf die Gesundheit zu achten.

Junger Freund, der du vielleicht neben mir auf dem Bahnsteig stehst ohne mich zu kennen und interessiert den Betrieb beschaust, dich vielleicht über den sonderbaren Kerl wunderst, der, die Hände auf dem Rücken, ganz nach draußen läuft, siehst du, du hast manches versäumt. Ein Bahnsteig hat viele Bilder und viele

Gesichter. Man muß sie alle erlebt haben, um die ganze große Vielfalt der Dinge begreifen zu können. Es ist nicht unbedingt ein
Genuß, während eines Bombenangriffs unter den Bahnsteigglei-
sen zu stehen und sich auszurechnen, ob die stählernen Träger
wohl einen Treffer aushalten oder nicht. Nein, über all diese häßlichen Dinge wollen wir hinweggehen. Dort hat einstens der
Zauber der Schiene sein bitteres Ende gefunden.

Ganz im Gegensatz zu diesen fragwürdigen Gefühlen steht die Spannung, die vom Richtungsweiser ausgeht. Oder vom Studium der Schilder an den Wagen, praktisches Hilfsmittel für im Geographie-Unterricht zurückgebliebene Schüler. Ob sie von Hamburg-Altona nach Ventimiglia weisen, oder von Milano nach Kopenhagen, oder schlicht und einfach nach Eichenberg, immer atmen sie ein besonderes Fluidum, eben das ganz spezielle Etwas des Bahnbetriebes. Auf kleinen Bahnhöfen und Haltepunkten ist dieses gewisse Etwas oft leichter zu spüren als im Trubel des Großstadtbahnhofes.

Das Stichwort »Haltepunkt« leitet zu einer kleinen Begebenheit über, die ich nicht verschweigen möchte, weil sie wohl ein jeder in ähnlicher Form selbst erlebt hat.

Als nach 1945 der Eisenbahnverkehr wieder in Gang kam, als man daranging, seine Verwandten zu besuchen und nachzuschauen, ob sie alle den Krieg heil überstanden hätten, oder als man gezwungen war, sein täglich Brot gegen eine goldene Uhr auf dem Lande einzuhandeln, ei wie sonderbar reiste man damals.

Ich war nach einer abenteuerlichen Flucht aus der Kriegsgefangenschaft glücklich wieder in der Heimat angekommen. Das Leben normalisierte sich allmählich. Folgedessen wandelte uns – das heißt meine Frau und mich – die Lust an, einmal nach den Schwiegereltern zu schauen, denen der Krieg zuletzt noch übel mitgespielt hatte. Man benötigte jedoch in jenen Tagen zur Benutzung der Eisenbahn eine Reisegenehmigung. Die Besatzungsmacht wollte der Überfüllung der Züge mit einer gewissen Berechtigung Einhalt gebieten.

Besuch der Schwiegereltern galt nicht als stichhaltiger Grund, aber der grimme Ukas ließ sich umgehen, wenn man fünf Kilometer hinaus auf den kleinen Vorortbahnhof tippelte, wo ein einsamer Beamter nichts von Reisegenehmigungen und dergleichen Bürokratismen wußte.

Sicherheitshalber löste meine Frau die Fahrkarten, falls es galt, mit becircendem Lächeln gegen St. Bürokratius vorzugehen. Es erwies sich jedoch nicht als notwendig, wir erhielten anstandslos unsere Karten.

Da standen wir nun auf dem kleinen Dorfbahnsteig, das erste Mal nach dem furchtbaren Kriege, das erste Mal im Frieden. Man hatte sich noch nicht so recht an das neue Leben gewöhnt, es lag wie eine große Unsicherheit über allen Menschen.

Der Zug kam. Oh, welch ein Zug!

Die Lokomotive glich einer belagerten Festung. Trauben von Menschen saßen auf dem Umlaufblech, auf der Pufferbohle, kaum, daß der Führer noch die Strecke sehen konnte. Der Kohlentender war wegen Überfüllung geschlossen. Nicht nur, daß die Trittbretter der Abteilwagen an und für sich noch »normale« Stehplätze geboten hätten, nein, auch die Wagendächer waren ausverkauft, von den Bremserhäuschen und den Puffern ganz zu schweigen. Die Wagen krachten in allen Nähten, die Federn bogen sich nach unten statt nach oben und die Türen mußten zugehalten werden, damit sie vor der Fülle der zusammengepferchten Menschenmasse nicht aufquollen.

Der Anblick übertraf unsere kühnsten Erwartungen, die bereits nicht hoch geschraubt gewesen waren. Das Herz sank uns in die Kniekehlen ob dieser herannahenden Völkerwanderung auf

Rädern. Die Wagenschlange hielt zwar, Aussichten auf Freiwerden eines Platzes ergaben sich indes nicht. Hingegen wurde mit spitzigen und witzelnden Bemerkungen der Stehplatzinhaber uns Beförderungsanwärtern gegenüber nicht gespart. Wie zwei Hühner, die ihr Schlupfloch nicht finden, rannten wir den Zug entlang – vergebens, nicht ein Tritt, nicht ein Haltegriff, den nicht bereits ein Besitzer hätte sein nennen können.

Da gab es im Packwagen plötzlich eine Eruption. Der darin verstaute Menschenberg spie ihrer zwei aus, die zerschunden und zerzaust auf den Bahnsteig schossen. Wir folgerten sofort messerscharf, daß dort, wo zwei ausgestiegen sind, auch wieder zwei hineinpassen. Dieser Schluß erwies sich zunächst als trügerisch, die Masse im Innern gärte und brodelte weiter, sie spie schließlich noch einige Kisten aus – das zu unserer Rettung. Wir bekamen Platz, soweit der Aufenthalt vorn unmittelbar in der Tür die hochtrabende Bezeichnung Platz verdient. Der Zug rumpelte los, der Wind strich uns um die Nasen, immerhin, es war einmal eine neue Art zu reisen, wenn man sie sich zwar in Verbindung mit dem Worte Frieden etwas anders vorgestellt hatte. Im Hauptbahnhof angekommen, begann das große Umschichten. Zwei vulkanische Ströme begegneten einander, der eine quoll aus dem Zug heraus, der andere hinein. Da wir ganz vorn im Packwagen standen, wurden wir selbstverständlich als erste einfach hinausgedrängt. Das hatte aber den Vorteil, daß wir auch zuvörderst im hineindrängenden Strom standen, zumal wir mittels geschickter Wendung erreicht hatten, daß wir in den Sog des nach dem ersten Personenwagen drängenden Verkehrs gerieten. Alsbald schob uns die drängende Masse in eine Abteiltür hinein. Offenbar war jedoch die Gegenströmung noch nicht vollständig abgeklungen, eine zweite Flutwelle brach aus dem Wagen, der wir uns aber durch eine geschickte Wendung in das kleine Türchen entziehen konnten, das mit den zwei Buchstaben WC gekennzeichnet wird.

Gerettet! riefen wir aus. Gerettet und sogar noch glückliche Besitzer eines »chambre separeé«. Flink legten wir von innen den bekannten Riegel vor. Komme was da wolle – nach uns die Sintflut! Draußen schlugen die Wogen gewaltig hoch, die Tür krachte mehrfach, das Holz ächzte, der Wagen ging in die Federn, indes, das Material hielt stand, die Fahrt begann. Nun, auch das gehört zum Thema Bahnsteig. Ob es auch zum Zauber der Schiene gehört? Ich weiß nicht recht. Wir haben jene Fahrt gut überstanden. Mehrfach wurde draußen zwar ein verzweifelter Ruf nach Öffnen der Tür vernehmbar. Wir waren keine Unmenschen und zur Hilfe bereit. Aber für den SOS rufenden Fahrgast gab es keine Möglichkeit, den eratischen Block zu übersteigen und die Brandung zu durchstoßen, die Hürden waren zu hoch, um von einem normal Sterblichen genommen zu werden.

Jahre sind vergangen. Die Erinnerung ruft plötzlich diese oder jene Begebenheit ins Gedächtnis zurück, wenn ich heute auf dem Bahnsteig meinen Spaziergang mache. Er kostet zwanzig Pfennig und bedeutet ein billiges Vergnügen. Manchmal setze ich mich auch in einen bereitgestellten Zug hinein, tue großspurig, als wolle ich verreisen, wärme mich, wenn es im Winter kalt ist und steige dann so beiläufig wieder aus. Wie jemand, der eine große Reise vorhat und sich noch ein wenig die Beine vertreten will.

Sind wir nicht alle immer auf der Reise? Auf der Wanderung? Ist das ganze Leben nicht ein einziger Bahnsteig, ein Kommen und Gehen? Viele besitzen keine Fahrkarte, viele kennen das Ziel nicht. Andere bleiben auf dem Bahnsteig zurück. Sie haben den Zug verpaßt, sagen die Glücklichen, die im Abteil sitzen. Gnade dem, der den falschen Zug bestiegen und seinem ursprünglichen Ziel entgegengesetzt reist.

Mitunter treffe ich auch ein liebe alte Bekannte. 01 1086 – sieh da, wir kennen uns doch, nicht wahr? Damals trugen Sie noch Stromlinienverkleidung, als Sie in Halle P stationiert waren und im Plan des D 42 liefen, stimmt's? Ach und hier, 01 141, guten Tag, meine Liebe, kennen wir uns nicht von Dortmund Bbf her? Lange nicht gesehen, wie geht's, wie steht's? 78 101, oho, meine Dame, wie sehen Sie denn aus? Eine kleine Reinigung wäre dringend erforderlich. Und dort die 55er, ja, die gute Oma 55er – sie nimmt sich heute recht unscheinbar aus, ein altes Weiblein unter lauter jungem Volk. Wenn ich auf dem Heimweg bin, verfolge ich den Lauf dieses oder jenes Zuges, den ich abfahren gesehen habe. Dann stelle ich mir vor, wie er jetzt in die große Kurve bei Dings-da einbiegt oder eben im Tunnel von Irgendwo verschwindet.

Ich komme heute nur noch selten dazu, auf Maschinen mitzu-fahren. Es gibt auch nicht mehr viel Möglichkeiten, der alten Leidenschaft zu frönen. Die Zahl der Dampfmaschinen nimmt allzu rasch ab. So wandere ich die Strecke entlang, Sonnabend oder Sonntag bei schönem Wetter. Oder gehe ganz einfach auf den Bahnsteig – für 20 Pfennig. Dann kommen die Erinnerungen. Und die Träume – ach, die Träume – –.

Liebe alte Freundin

*G*estern hat mich mein Weg wie zufällig in deine Nähe geführt. Es lag keine Absicht darin. Ich bin die Bahnhofsgleise entlanggewandert, dort draußen, wo kein Betrieb mehr ist. Es war ein schöner Tag, der Marsch in der frischen Luft hatte mich ermüdet, ich wollte den Weg zu meinem Zuge abkürzen, deshalb der Gang über das Betriebsgelände, ohne zu wissen, daß man dort, wo das Gebüsch den Hang hinauf wuchert und die drei verkrüppelten Birken dahinvegetieren, eine alte Lokomotive abgestellt hat.

Wie gut, daß ich die Abkürzung wählte. Wir wären uns kaum jemals begegnet. Der Gleisstutzen liegt so abseits, daß man ihn von der Straße aus nicht sehen kann. Wer vermutet auch, daß unter all dem Distelgestrüpp und dem üppig wuchernden Unkraut noch ein Gleis liegt.

So war ich überrascht, so unvermittelt auf dich zu treffen. Sicherlich hast du selbst nicht vermutet, einmal dort, auf diesem verlotterten Stück Eisenbahn zu landen. Ja, so ist das. Wer von uns weiß, wo wir einmal landen? Auf welchem Abstellgleis, in welcher vergessenen Ecke.

Siehst du, gestern, als ich dich so in deiner Schwäche, in deiner Armseligkeit, in deiner Verlassenheit stehen sah, da ist mir so recht zum Bewußtsein gekommen, wie doch alles in unserem Leben ein Ziel hat. Du hast nun das deinige erreicht. Ich weiß nicht, wie viele Millionen Kilometer Bahnstrecke du in deinem Leben zurückgelegt hast. Gewiß bist du nach jeder Fahrt, nach jeder noch so weiten Reise in deinen Bestimmungsbahnhof, in dein heimatliches Bahnbetriebswerk zurückgekehrt, gewiß mag auch dich das Lokomotivengeschick in mancherlei Gegenden verschlagen haben. Aber es lag jedesmal nur eine Ruhepause, eine Zeit des Verschnaufens, der Erholung dazwischen. Nun hat man deinem Lauf endgültig Halt geboten. Die Endstation ist erreicht.

Ist es mit uns, die wir älter werden, nicht ähnlich? Ein Dichter hat einmal gesagt, wir Älteren seien wie Briefe, die nicht mehr weiterbefördert werden, wir sind am Ziele angekommen. War es das Ziel, das wir uns gewünscht haben? Das uns bestimmt gewesen ist? Stand die Anschrift richtig verzeichnet?

Allzu oft hat das Schicksal eine falsche Adresse auf den Briefen angegeben. Allzu oft.

Es ist so ein eigen Ding um die letzte Ankunft.

Ich bin einige Male um dich herumgeschritten, um dich von allen Seiten richtig betrachten zu können. Weit und breit gab es keine Menschenseele zu sehen. Es kommt wohl überhaupt niemand außer der Rangierlokomotive in diese einsame Gegend. Wer sollte auch kommen? Wer sollte denn noch Interesse an dir haben?

Die Eisenbahner? Für die bist du ausgemustert. Aus den Listen sauber mit Kugelschreiber und Lineal gestrichen. Deine Nummer ist erloschen, sie existiert einfach nicht mehr, aus, futsch. Vielleicht wirst du noch in einem Nachweis über Schrotterlöse geführt.

Der Betrag steht wohl noch offen, eine allerletzte Amtshandlung fehlt noch. Das ist alles. Unter dem Banner des Fortschrittes ist man froh, dich losgeworden zu sein.

Die Fahrgäste? Mach dir nichts vor. Die haben heute andere Dinge im Kopf, als sich um dich alte verrostete Lokomotive zu kümmern. Der Mehrzahl der Reisenden bist du nie sonderlich attraktiv erschienen. Was bedeutet schon so eine altmodische Dampfmaschine. Sie lächeln höchstens, murmeln etwas von Romantik und – vergessen dich auf der Stelle.

Die Buben? Daß ich nicht lache. Als wenn ein richtiger Bub von heute noch Interesse an solch einem alten Dampfer besäße, heute, im Zeichen des Kraftfahrzeuges, des Düsenklippers und der dreifachen Schallgeschwindigkeit.

Nein, höchstens so ein alter Narr wie ich verschwendet seine Zeit an dich. Marschiert um dich herum, als wenn er zum ersten Male eine Lokomotive sähe. Und setzt sich anderen Tages hin und schreibt sogar eine Art von Brief.

Haha, man muß schon ein rechter Narr sein, um das zu tun.

Weißt du, als ich dich gestern so vor mir sah – von Schönheit der Technik kann beim besten Willen keine Rede mehr sein. Jetzt einmal von dem Rost, der dich über und über bedeckt, abgesehen. Auch die Ecke vom Schlot, die dir abhanden gekommen ist, wollen wir nicht rechnen.

Aber dir fehlten sogar die Pumpen. Man hat dich des Herzschlages beraubt, Luft- und Speisepumpe waren abmontiert, der Turbogenerator fehlte. Die Stangen hatte man dir abgenommen, grad wie einer alten Frau aus dem Armenhause, der man die Schuhe auszieht, bevor man sie in den Schrein legt, in der Hoffnung, wenigstens ein Scherflein zu den Begräbniskosten herausschlagen zu können.

Genauso sahst du aus.

Die Schieber lagen hinten im Kohlenkasten des Tenders. Im Führerhause fehlten die wichtigsten Armaturen. Die Ölpumpe war abmontiert. Sogar die Scheiben in deinem Führerhaus hatte eine mutwillige Hand zerschlagen. Siehst du, selbst dem niedrigsten Instinkt nötigst du keinen Deut Achtung mehr ab.

Nackt und bloß schaute dein Führerhaus aus, keine Betriebsnummer, keine Heimatadresse, nichts, gar nichts. Am rechten Zylinder baumelte, nur von einer Schraube gehalten, der Torso von einem Firmenschild herab, halb zerbrochen, kaum zu lesen. Allein das Wort »Humboldt« vermochte ich zu entziffern, aber das d und das t waren bereits den Weg alles Irdischen gegangen. Du bist in die Anonymität versunken, du bist nur noch Materie. Dein Leben ist erloschen. Man sieht dir zwar an, daß du einstens zur Familie der Lokomotivgattung P 8, 2 C-Zweizylinder-Heißdampf-Personenzuglokomotive, Baureihe 38, gehört hast. Aber es sind wohl nur die Umrisse, die dem Kundigen deine Abstammung verraten.

Ich hatte mich gestern ein wenig in deinem Führerhaus niedergelassen. Nach langer Zeit wieder einmal. Es kommt jetzt nicht mehr oft vor, daß man im Führerhaus einer Dampfmaschine sitzen kann. Man muß diese Augenblicke schon auskosten, und wenn es nur auf solch einem alten Wrack ist. Auf dem Wrack einer P 8.

Wenn man mir als jungem Menschen gesagt hätte, daß ich dich einmal als abgetakelten Schrotthaufen erblicken würde – ich glaube, ich hätte es nie für möglich gehalten. Gerade du, alte P 8, schienst du nicht unsterblich zu sein? Rolltest du einem nicht auf Schritt und Tritt über den Weg? Du – Schrecken aller Eisenbahnfotografen! Lebendiges Denkmal der Preußischen Staatsbahn!

Sicher wirst du nicht behaupten wollen, du seiest zu deinen Glanzzeiten eine Schönheit gewesen. Nein, also das bilde dir wirklich nicht ein. Dich schön zu nennen, dazu gehört eine noch größere Portion Narretei, als ich sie ohnehin besitze. Nein, aber brav bist du gewesen, ja, das muß man dir lassen. Du warst eine der zuverlässigsten Lokomotiven, die wir in Deutschland besessen haben. Auf dieses Prädikat solltest du stolz sein. ja, stolz, hörst du? Die Eisenbahner haben dich zu schätzen gewußt, bei den Mannschaften warst du beliebt.

Merkwürdig, jetzt glaube ich es bald selbst, daß ich einen Brief an eine Lokomotive schreibe. Eijeijei, zu welch absurden Auswüchsen doch solch ein Spleen wie die Eisenbahnnarretei führt.

Wie alt magst du eigentlich sein? Als ich zur Welt kam, rollte deine Familie, schon etliche Jahre auf den Gleisen. Aber auch nach meinem Geburtstag hat man noch deinesgleichen gebaut, die Bahnverwaltung hat lange an dir festgehalten. Noch bis in die Zwanziger hinein, die goldenen Zwanziger!

Was meinst du, alte Mühle? Ob wir uns schon einmal in unser beider Leben begegnet sind? Damals, als du noch einen Namen trugst, als du noch etwas galtest, als du noch fleißig dein Brot verdientest, den deutschen Eisenbahnen unentbehrlich schienest? Wer weiß.

Siehst du, was wissen wir überhaupt voneinander? Was wissen wir von den Dingen um uns? Vom Leben, das uns umgibt? Wie schwach ist unser Gedächtnis, wie träge unsere Erinnerung.

Vielleicht bist du damals, als ich als kleines Bübchen frierend auf dem hallischen Bahnhof stand, schon an mir vorbeigerauscht. Vor dem beschleunigten Personenzug. ja warum nicht? Oder vielleicht habe ich dich von der Berliner Brücke meiner Vaterstadt aus oft genug bewundert. Oder gerufen: Immer diese P 8! Nein, du hast sicher damals den Eilzug nach Kassel geführt, mit welchem ich zum erstenmal, stolz wie ein Fürst, ohne elterliche Begleitung verreist bin. Wie bist du so wacker durch die Goldene Aue bei Nordhausen geflitzt mit deinen fünf Wagen dahinter.

Nein, du gehörst vielleicht zu den Umgesiedelten, du bist Flüchtling. Du stammst aus Ostpreußen, oder aus Schlesien. Deine Lokführer hießen Schneidereit oder Kaludrigkeit oder Szepan oder Kosiol. Deine Heimat waren das Bw Insterburg oder Stargard, Meseritz oder Sommerfeld, Breslau Hbf oder Kandrzin!

Ach Kandrzin! Rauscht es nicht beim Klang dieses Namens wie eine ganze Sinfonie voller Eisenbahnmelodien in deiner schwarzen Seele auf? Welch ein Begriff: Kandrzin – später Heydebreck genannt. Wer kennt den Namen heute noch? Wer weiß, was sich einstens dort abgespielt hat, was dort alles durcheinander pfiff, dampfte, jubelte. Welch phantastisches Eisenbahngemälde, würdig eines genialen Künstlers?

Nicht wahr, du weißt Bescheid, alte P 8. Du, ich und noch so ein paar alte Narren, für die allein dieses Buch geschrieben worden ist.

Aber halt, nicht sentimental werden, nein, kommt nicht in Frage. Da hört die Freundschaft auf. Glaube ja nicht, alter Schlitten, daß ich dich nun über alles verehrte. Bilde dir nur nicht ein, daß ich dich zum Altar erhoben hätte, auf dem ich die Technik anbeten, anhimmeln, das Eisenbahnwesen vergöttern würde und gar eine Lokomotivbetschwester aus mir machte. Nein, liebe Freundin – gewiß, das bist du und wirst es auch immer bleiben – vielleicht bist du mehr – eine heimliche Geliebte? Aber nur eine heimliche. Denn, Freundin, ich kenne auch deine Schwächen. Jawohl, reden wir einmal darüber.

Reden wir einmal über all den Schmutz, Staub, Ruß, mit dem du die Mitwelt, deine dir anvertrauten Fahrgäste belästigt und verärgert hast. Gegen Damen bist du nie höflich gewesen, hast vielmehr mit deinen schrillen Pfiffen Mensch und Tier erschreckt. Der Komponist Robert Franz hat durch einen Lokomotivenpfiff sein Gehör verloren. Wie oft hast du deine vorgeschriebene Bahn verlassen, bist eigene Wege gegangen, bist zerknallt, zerbrochen. Glaubst du, ich wüßte nicht, daß die Männer, die dich im Ausbesserungswerk von unten betrachten mußten, alles andere als zärtliche Gefühle hegten? Das alles bleibt dir nicht vergessen, Freundin. Erwarte nicht, daß mein Blick solchermaßen getrübt wäre, daß ich nicht die Vorzüge der neuen Zeit, die elektrische Traktion zu schätzen wüßte. Man muß erst einmal mit dem »Rheinpfeil« und seiner E 10 über den Spessart in sausendem Lauf gebraust sein, um ganz zu ermessen, welch klägliche Leistung du früher mit viel Geschnauf und Geschaff vollbracht oder auch nicht vollbracht hast. Ich bin nicht blind, alter Dampfer, auch das Heute ist nicht zu verachten und manchmal dem Gestern entschieden vorzuziehen. Es gibt ein schönes Wort vom Dichter Grillparzer, wie denn die guten Poeten dafür gesorgt haben, daß für alle Gelegenheiten des Lebens passende Zitate vorhanden sind:

Denn wie der Jüngling in der Zukunft lebt,
So lebt der Mann mit der Vergangenheit;
Die Gegenwart weiß keiner mehr zu leben.

Das ist es nämlich, was uns allen fehlt: Das rechte Maß der Dinge! Das gerechte Urteil über die Vorzüge von Vergangenheit **und** Gegenwart! Denn auch die Welt von heute ist schön. Welch wunderbare Gebilde sind unsere modernen Flugzeuge, unsere Schiffe, unsere Straßenkreuzer! Ist es nicht bewunderungswürdig, zu welchen Leistungen der menschliche Geist sich aufgeschwungen hat?

Und trotzdem: Liebe alte Freundin!

Es heißt nun Abschied nehmen. Es wird sogar Zeit, denn es ist nicht mehr viel an dir dran, was des Abschiednehmens Wert wäre. Und deine Schwestern, die heute vielleicht noch naserümpfend in der Ferne an dir vorüberrauschen – warte nur, balde stehen sie am gleichen Orte.

Es ist ja auch nur: Wenn man Abschied nimmt, denkt man gern noch einmal zurück an all das, was hinter einem liegt. Und es ist ja wahrhaftig viel, auf das wir zurückblicken können. Es ist eine ganze Epoche, ein Jahrhundert, eine ganze Welt. Ein Rückblick wird immer ein wenig besinnlich. So sollen auch diese Blätter ein wenig heiter, ein wenig besinnlich, vielleicht ein klein wenig wehmütig sein, daß die Zeit so schnell verrauscht und unser Leben vergeht, als flögen wir davon. Wer billige Sentimentalität und Schwärmerei aus diesen Zeilen lesen will, der hat ihren Sinn nicht erfaßt, schade um die Zeit, die er verschwendet, und das Geld, das er ausgegeben.

Beim Abschied sagt man sich einige Worte. Liebe, freundliche, belanglose, förmliche, je nach dem, wie nahe einem der Abschiednehmende stand.

Alte Freundin! Du hast mir zeitlebens nahe gestanden. Weiß nicht warum. Will es auch gar nicht wissen. Das mag der Tiefenpsychologe ausknobeln, der will auch etwas zu tun haben. Nein, angebetet habe ich dich nicht. Es gibt Dinge zwischen Himmel und Erde, die viel, viel wertvoller und wesentlicher sind als du, alte Maschine.

Aber ich habe dich gern gehabt, alte liebe Freundin. Du hast mir so viele schöne Stunden in meinem Leben geschenkt. Wenn du ein lebendiges Wesen wärst, müßte ich dir jetzt herzlich Dank sagen. Wenn es mir irgendwie schlecht im Leben ergangen ist, wenn ich Kummer hatte, bittere Sorgen mich drückten, wenn ich krank darniederlag, dann zogest du plötzlich durch meine Sinne, dann vermeinte ich freundliches Auspuffgeräusch zu vernehmen. Ich nahm meine Bildersammlung vor, ließ die lieben alten Bekannten an mir vorüberziehen, entdeckte hier und dort wieder etwas Überraschendes und Unbekanntes. Siehst du, das hat mich wieder zufrieden und glücklich gemacht. Und ich glaube, es ist vielen anderen armen, einfältigen Eisenbahnnarren ähnlich ergangen. Das solltest du als Trost in dein Schmelzofengrab mit hineinnehmen. Wie wenige Maschinen gibt es, die so viel Segen gestiftet haben, trotz mancher Mängel, wie du, alte, rußige, verrostete schwarze Geliebte.

Eigentlich wollte ich gestern noch ein Gläschen in der Bahnhofswirtschaft trinken. Ich hatte meine Zeit so eingerichtet, daß es hierfür noch gelangt hätte. Nun ist die Begegnung mit dir dazwischengekommen, ich habe mich länger verweilt als gut. Mit dem Gläschen ist es nichts mehr geworden.

Nein, ich bin dir nicht böse. Es war schön, das einsame Zwiegespräch mit dir, das ich geführt habe. Und ich mußte dir doch noch Dank sagen, bevor wir Abschied nehmen.

Ich habe das Versäumte von gestern nun heute nachgeholt. Ich bin im Keller gewesen, habe eine Flasche mitgebracht und ein Gläschen eingeschenkt. Es ist schon spät am Abend, Stille um mich herum. Ich bin mit meinen Gedanken allein, bin bei meinem Leben, bei der Eisenbahn, bei den vielen, vielen Lokomotiven, die mir begegnet sind. Es ist wohl jetzt auch die Stunde, wo man einen Liebesbrief an eine alte Freundin schreibt.

ja, laßt es mich gern bekennen: Ich bin mein Lebtag ein Narr gewesen. Heute noch, wo die erste Jugend längst hinter mir liegt, wie ehedem. Aber ich weiß mich da in bester Gesellschaft. Nicht in eurer, ihr harten Männer, ihr Fortschrittsanbeter, oder in eurer, ihr Neunmalweisen, der ich euer überhebliches Grinsen über mich kleinen Narren verlache. O wenn ihr wüßtet, welch berühmte Männer, welch große Konstrukteure und Erfinder in der Bescheidenheit ihrer Seele Kinder geblieben sind.

In einer Welt, die solchermaßen von Geist, Verstand und Vernunft überfließt wie die unsrige, ist es ein wohltuender Ausgleich, ein Narr zu sein.

Was Narren tun und schreiben, soll man nicht ernst nehmen. Und wenn sie eine alte Lokomotive anhimmeln – ach, was tut's denn laßt ihnen das kleine Vergnügen, es ist ja so wenig, was ein Narr verlangt. Aber er zeigt euch auch, Freunde, wie wenig der Mensch braucht, um glücklich zu sein.

Eine alte Lokomotive genügt. Sie mag gleich verrostet sein.

Beim Abschied ist es üblich, das Glas zu erheben und irgend jemandes zu gedenken.

Sei's denn. Ich erhebe mein Glas, halte es gegen das Licht, um das Funkeln des edlen Tropfens genüßlich auskosten zu können.

Alte, dreckige schwarze Lokomotivenfreundin – du sollst leben!

Euch aber, ihr lieben Narrenbrüder und Schwestern gilt der zweite Schluck. Wie trostvoll, daß es noch immer Gesinnungsgenossen gibt. Möge auch fernerhin die Narretei blühen und gedeihen.

Aller guten Dinge sind drei. Der dritte Schluck?

Auf all das Schöne in dieser Welt! – – –